Das Holzhaus Buch

Bibliografische Information der Deutschen Nationalbibliothek
Die Deutsche Nationalbibliothek verzeichnet diese Publikation in der Deutschen Nationalbibliografie;
detaillierte bibliografische Daten sind im Internet über http://dnb.d-nb.de abrufbar.

1. Auflage
Graphische Gestaltung: Eric Blanchard
Übersetzung aus dem Französischen: Monika Kalitzke
Lektorat: Angelika Reitzer
Reprografie: Color Way
Herstellung: Prepressproduction, Brigitte Peneder

Gedruckt in der EU
Pollina - n° L42186

ISBN 978-3-85033-046-6

Christian Brandstätter Verlag
GmbH & CoKG
A-1080 Wien, Wickenburggasse 26
Telefon (+43-1) 512 15 43-0
Telefax (+43-1) 512 15 43-231
E-Mail: info@cbv.at
www.cbv.at

FRANCE BILLAND

Das Holzhaus Buch

Übersetzt aus dem Französischen von Monika Kalitzke

Christian Brandstätter Verlag

Inhalt

Insel im Stockholmer Archipel – modernes Strandhaus mit Holzterrasse Richtung Meeresarm und Seilvorrichtungen für ein Sonnensegel.

Holz und seine allmächtigen Legenden

MEIST WECKT DIE VORSTELLUNG, in einem Holzhaus zu wohnen, zuerst beschaulich-idyllische Bilder in uns. Der Duft von Harz, Moos und Pilzen, der betäubende Wachsgeruch irgendwo zwischen Honig und Terpentin, das wärmende Knistern der Glut im Kamin … und schon breitet sich Wohlgefallen aus. Seine Welle – Orangen, Zimt, Kastanien, Lebkuchen – schwappt durch die Erinnerung bis zum cremigen Weiß von alten Weihnachtsfesten und Kindermärchen. Es ist das Bild von *Goldlöckchen*, wie es das Haus der *Drei Bären* erkundet, nachdem es sich im Wald verlaufen hat. Vom kleinen Mädchen im warmen, kuscheligen Bett des gutmütigen, kleinen Bären. Das Holzhaus erscheint zunächst als Archetypus des Kokons.

Aber wenn wir in die Welt der Erinnerungen eintauchen, treffen wir dort auch auf die alten Ängste. „Der Wolf blähte seine Wangen auf, blies und blies und das Holzhaus flog davon." In der Geschichte der *Drei kleinen Schweinchen* hält nur das Ziegelhaus seinem Ansturm stand. Einfach nur eine Geschichte? Nein. Sie ist fest verankert in unserer imaginären Bilderwelt als Metapher für eine unumstößliche Realität. Nur auf ein gemauertes Haus ist wirklich Verlass, und wir sind felsenfest überzeugt, dass nur Stein die Jahrhunderte überdauert.

Das Holzhaus steht für ein heimeliges, aber gefährdetes Zuhause. Dazu gehört die alte Angst vor den Bränden, die die Holzhäuser der mittelalterlichen Städte verschlungen haben … und wenn es schon nicht abbrennt, dann vermodert es doch mit der Zeit, nicht wahr? Dass Venedig auf Holzpfählen gebaut ist, genauso wie Notre-Dame in Paris oder das Empire State Building, ändert nichts daran. Unsere Einbildung fördert das negative Bild vom vergänglichen Holz, und das erste Gefühl von Wohlbehagen wird weggespült von der Sorge. Eine Sorge, die die traditionelle Architekturgeschichte durch ihr uneingeschränktes Loblied auf den Stein lange Zeit hindurch verstärkt hat.

Durch diese lange Vormachtstellung des Steins konnten sich nur zwei Bilder von Holzhäusern behaupten: das Blockhaus und das ultramoderne Haus als prächtige, aber unerschwingliche Architektenschöpfung. In der Tat zwei Archetypen, die die beiden Pole des Unterbewussten füttern: den Wunsch, zur „Mutter Natur" zurückzukehren, in der Holzfällerhütte, und umgekehrt das Bedürfnis sich zu emanzipieren und über das Statussymbol des Palais' Macht zu demonstrieren. Das gilt für alle Überlegungen zum idealen Haus.

Aber für uns West- und Südeuropäer findet das wahre Leben woanders statt. Nicht in einem Holzhaus. Trotz des Leitbildes vom Lebensbaum, das beim Holz immer mitschwingt, und trotz der greifbaren Beweise für die Bedeutung, die das Wohnen in Holzhäusern in allen Breiten hat, bleiben wir diesem Material gegenüber oft argwöhnisch. Auch wenn es uns ungemein verführt. Das beweist das Beispiel der französischen Versandhauskette *3 Suisses*, die Philippe Starck mit dem Entwurf eines allgemein leistbaren Holzhauses beauftragte. Viele träumten von dem Haus, aber verkauft hat es sich nicht. Es scheint immer so, als ob ein Holzfertigteilhaus etwas von einem Spielzeug hätte, das, sobald es der Wolf – die Metapher für den Wind – anbläst, noch immer ganz schnell in sich zusammenfällt. Und nur, weil wir nichts über die außergewöhnlichen technischen Eigenschaften von Holz wissen.

Wie kommt das? Durch den Einfluss unserer griechisch-römischen Steinkultur? Der Triumphbögen, Arenen, Brücken und Viadukte, die der Invasion der Barbaren standhielten? Wahrscheinlich. Goten und Vandalen, Völker des Holzes, verwüsteten die gallisch-römischen Städte. Und diese Spur hat sich in unsere Einbildung eingekerbt: was das Bauen betrifft, haftet dem Holz noch immer etwas Unzivilisiertes an. Während es die großen Kunsttischler im Bereich der Möbel geadelt haben, während wir heute noch die Namen der Geigenbauer und Bildhauer kennen, wissen wir nichts über die Zimmermeister. Als ob ihr Know-how nicht auch Teil der schönen Künste wäre.

Und das, obwohl der griechische Tempel, das Architekturmodell seit der Renaissance bis zum Beginn des 20. Jahrhunderts, ursprünglich eine Holzkonstruktion war. Von der Umsetzung der Holzpfosten in Steine zeugen die dorischen Säulen sowie zahlreiche Schmuckmotive, die für die alten Verbindungsbolzen der Holzteile stehen. Bei diesem Übergang vom Holz zum Stein ging es keineswegs um das idealere Material: Eine von Platons Reden handelt von der Rodung Attikas, die schon zwischen dem 6. und 5. Jahrhundert vor Christus festgestellt worden war. Denn die Seefahrervölker brauchten für ihren Schiffbau unglaublich viel Holz. Nun wächst in den Mittelmeergebieten der Wald auf dem karstigen Boden im Gegensatz zu den nördlichen Wäldern nicht nach. Und mit dem Baum verschwindet die Erde.

Man kann wunderbar beobachten, wie aus Ereignissen im Laufe der Jahrhunderte Legenden und Vorurteile werden. Die Idealisierung der Steinarchitektur durch die Kathedralen und das griechische Modell wurde von den herrschenden Klassen betrieben – Grundherrn, Kirchenfürsten, Großbürger und Großkaufleute. Vom Palast der Medicis in Florenz bis zum Haus von Jacques Coeur in Bourges: Bis heute ist das Zentrum der Städte des 15. Jahrhunderts in unserer Vorstellung aus Stein.

In Wirklichkeit war bis zum Beginn des 19. Jahrhunderts der Holzbau am häufigsten. Strassburg veranschaulicht das sehr gut. Und vor den Bombardierungen von 1944 ähnelte Le Havre dem alten Rouen. Aber genau deswegen, weil es ein zu gängiges Baumaterial war, fehlte es dem Holz an Prestige. In den Märchen ist das Holzhaus immer das Haus der Armen. Die Alte mit dem Reisigbündel humpelt zu ihrer Hütte, während die Prinzessin ihren Wandteppich im Schloss aus Stein stickt.

Seit einigen Jahren beginnt sich diese Denkweise zu ändern. Zunächst, weil das Holz ein „edles" Material geworden ist. Unsere Gesellschaft wertet das Holz auf, weil sie den industriell gefertigten Materialien das vorwirft, was sie einst dem Holz vorgeworfen hat: in gewisser Hinsicht trivial zu sein. Und die Vorstellung, mit Holz zu wohnen, sich für eine Wohnung oder ein Haus aus Holz zu entscheiden, verliert langsam ihren Touch von Träumerei. Das mütterliche Bild vom Holzchalet, dem großen, ländlichen Bauch weit weg von den Städten und ihrer aggressiven Geschwindigkeit – das Bild von der Blase, die uns vor Umweltverschmutzung und Zerstörung schützen könnte – bröckelt. Genauso bröckelt der umgekehrte Mythos von seiner Anfälligkeit. Von den Vierteln San Franciscos bis zu den Städten Nordeuropas, von den Kolonialhäusern bis zu den japanischen Häusern setzen Filme und Reisen beunruhigenden Legenden ein Ende: Ein Haus aus Holz ist nicht vergänglicher als ein anderes.

Wenn Sie diese Seiten durchblättern und vom Äußeren zum Inneren zahlreicher Wohnstätten wandern, werden auch Sie feststellen, dass ein Leben in einem Holzhaus leicht in die Tat umzusetzen ist. Denn dieses Buch folgt dem Weg eines Schulkindes, von den außergewöhnlichsten Plätzen zum Alltäglichsten, zum ganz Konkreten. Dem Weg hin zu einem behaglicheren Leben …

Überraschend viele Holzhaustypen

ZUERST TAUCHEN ZWEI TRAUMLANDSCHAFTEN AUF: die verschneite Datscha aus Doktor Schiwago und das Haus des Plantagenbesitzers in *Out of Africa.* Die große Kälte und die große Hitze.

In der Tat herrscht in den tief verschneiten Nadelwäldern von Kanada über die Alpen bis Russland das Modell der russischen Isba vor; das Chalet und die Datscha sind davon nur weiter entwickelte Varianten. Und tatsächlich hat sich überall in den warmen, feuchten oder sengend heißen Regionen der Stil von horizontal, auf eine Plattform gesetzten Häusern mit einer überdachten Veranda im Erdgeschoss durchgesetzt. In Asien scheinen ihre Pagodendächer gleich in Richtung Himmel abzuheben. Von Virginia bis Neuseeland wirken die Häuser in ihrem oft viktorianischen Stil fester in der Erde verankert. Und wenn sie an Flüssen oder im Wald auf Pfählen ruhen, so fördern sie mit ihren langen Veranden auf jeden Fall ein Leben im direkten Kontakt mit der Außenwelt. Zumindest ist die Grenze zwischen Drinnen und Draußen fließend, ein schlichter Übergang vom Licht ins Halbdunkel. Vom Regenguss zur schwülen Feuchtigkeit.

Darin unterscheiden sie sich vom dritten Holzhaustyp, einem in den Augen von uns Europäern klassischeren, weil er für die gemäßigten und

Finnland – Holzhaus im Archipel von Suomenlinna, Erholungsgebiet für die Bewohner Helsinkis.

Norwegen – Fischerhaus auf einer felsigen Landzunge in der Nähe der Insel Lovund (Nordland).

Schweden – zwei gleich gebaute Häuser in Fiskebäckskil in Bohuslän an der Westküste.

nördlichen Regionen charakteristisch ist. Es ist das Haus aus kompakten Baukörpern, zwei oder drei Stockwerke hoch – mit spitzem Giebel- oder voluminösem Walmdach –, das sich der Außenwelt gegenüber verschlossen zeigt. Man findet es überall, von Nordamerika über Schottland und Österreich bis Finnland. Es hat etwas Melancholisches an sich, so allein in der Ebene unter einem gewaltigen Himmel. Mit seinen großen, beinahe fensterlosen Fassaden erinnert es aus bestimmten Blickwinkeln an einen Schuppen. In Missouri und in Colorado trägt es noch Spuren seiner Ursprünge, dem einsamen, kargen, manchmal erbärmlichen Leben der Farmerfamilien. Aus bemaltem Holz, zum Beispiel rot am Rand eines kalten Meeres, oder aus unbehandeltem, auf der Höhe einer Heide, erzählt es noch von dieser Einsamkeit, der Einsamkeit der wortkargen Leute, die fast ohne Reden auskommen, schweigsame Gemüter mit unterschwellig brutalen Leidenschaften wie manche Figuren von William Faulkner, Emily Brontë und Ingmar Bergman.

Aber es genügt, dass sich die Landschaft ändert, dass der Himmel kleiner wird und ein Teil des Horizonts verschwindet, es genügt eine Talmulde, eine Anhöhe, ein Wald, dass diese manchmal bis zur Tristesse nüchterne Architektur Glück verströmt. Versteckte Gemeinsamkeiten von Landschaft und Wohnraum. Und doch auch verstörende Gegensätze. Allein unter dem hohen Bogen eines zwischen dem weiten Horizont aufgespannten Himmels erscheint ein kleines Haus am Meeresrand tröstlicher als ein großes. Einsam inmitten einer weiten, baumlosen Ebene gelegen, ist ein Haus, egal ob groß oder klein, ob aus Holz oder nicht, immer ein beunruhigendes Ziel – fast das Gegenteil von einem Haus.

In der Tat sind jene Häuser, die ein behagliches Wohngefühl vermitteln, nicht den starken Winden ausgesetzt. Im Schutz einer Baumgruppe, von Felsen oder dem Hang einer Wiese schmiegen sie sich an die Landschaft. „Integriert“ nennen das die Architekten. Aber dieser Begriff meint vor allem die formale Harmonie und nicht die geheimeren Bande zwischen einem Tal und einem Gemüsegarten, einer Straße und einem Garten. Und nicht das, was uns berührt, wenn wir an einem dieser harmlosen Holzhäuser vorbeikommen – dem kleinen Haus mit spitzem Dach, der Gießkanne am Fuße der Veranda und den an die Bretterverschalung gelehnten Fahrrädern. Denn ein Haus lässt sich nicht

Schweden, Stockholmer Archipel – Sommerfrischehaus mit Sauna direkt am Wasser.

*Frankreich –
Haus Kammerzell
in Straßburg.*

wie eine Skulptur betrachten – Ästhetik der Körper auf dem Sockel Erde, Gefühl der großen Kontraste. Ein Haus erzählt alles über unsere Beziehung zur Welt, über unsere Art, wie wir die äußere mit unserer inneren Welt versöhnen. Und egal wie modern es ist, ein Haus wird noch immer aus uralten Bildern gemacht und trägt die Gefühle des Wohlbefindens unserer Vorfahren in sich.

Und so zählen die Renaissance – Häuser aus den deutschsprachigen Ländern, hinter deren hohen, bemalten oder reich verzierten Fassaden manche bedeutende Persönlichkeit gelebt hat, zu den Holzhäusern, die das behagliche Glück am lebendigsten spürbar machen. Oder auch das viktorianische Haus mit seinen Vorsprüngen auf zwei Etagen und seinen Erkerfenstern, die zum Träumen einladen. Vor allem, wenn der regennasse Rasen glänzt.

Als Kind wurde ich oft getadelt, weil ich nach der Schule zu spät nach Haus kam. „Aber was hast du denn noch auf dem Weg gemacht?" Nichts. Ich wohnte in Marseille und musste bis zu mir nach Hause nur ein sehr langes Gässchen hinauf gehen. Ich verstand die Frage nicht. Daher antwortete ich jedes Mal: „Nichts. Ich habe mir die Häuser angeschaut."

Auch heute schaue ich noch genauso gern die Häuser mit den Augen des Schulmädchens an und streife als Schulmädchen durch die alten Holzhausvierteln der Städte dieser Welt. Von diesem eher verträumten denn wissenschaftlichen Standpunkt aus gleichen die Städte den Landschaften. Oder umgekehrt. In den heißen Gegenden dominiert die

Norwegen, Bergen – Wohnungen und Lagerhäuser aus Holz am Hafen.

Horizontale, in den nördlicheren die Vertikale. So findet man in Bangkok trotz der aufeinandergetürmten Stockwerke jene Linien, die die Pagodenform strukturieren, während in Nordeuropa, zum Beispiel in Bergen, die Vertikale in der Tradition der Giebelwand an der Fassade weiterlebt.

Aber es kommt auch vor, dass die Architektur nicht den Gesetzen des Klimas folgt. In Japan ist das der Fall, mit seinem milden Frühling und rauen Winter. Es schneit in den Landstrichen der Druckgraphiken. Es schneit auch in jenem Haiku von Matsuo Bashô, einem Dichter des 17. Jahrhunderts:

Schnee, der auf uns beide niedersank
Bist du der gleiche
dieses Jahr?

Trotzdem verbreiteten sich in Japan unter dem Einfluss des Buddhismus die charakteristischen Merkmale der subtropischen Architektur, offene Veranden und Gitteröffnungen der Pagoden. Und in der Tat halten diese flexiblen Strukturen, die ohne tragende Wände auskommen, dafür rund um Pfosten und Balken, die die sehr schweren

Japan, Kioto –
Alte Holzhausviertel,
wie sie die Architektur
der Hauptstadt
jahrhundertelang prägten.

Dächer tragen, angeordnet sind, ausgezeichnet den Erdbeben stand.

Architektur aus Holz und Stein wird nämlich nicht nur vom Klima, sondern auch vom kulturellen Umfeld geprägt. Durch den viktorianischen Stil schafft die angelsächsische Kultur eine Verbindung zwischen den Holzhausvierteln in San Francisco und den, wenn auch weniger üppigen Vierteln in Stockholm. Auch die byzantinische Tradition hat sich weit ausgebreitet. Von den Ufern des Bosporus bis zum Baltikum. Die äußerst luxuriösen, russischen Datschas mit ihrem kunstvoll bearbeiteten Holz

Norwegen, Insel Lysoen bei Bergen – Villa des Geigers Ole Bull.

USA, San Francisco – Viktorianische Häuser beim Alamo Square.

erinnern stark an die Yali, diese prachtvollen Paläste aus Holz, die sich vom Istanbuler Hafen an aneinanderreihen. Und das deshalb, weil das Herz Russlands, von den Ikonenmalereien bis zu den Zwiebeltürmen, in byzantinischem Rhythmus schlägt …

Bleibt noch das Ungewöhnliche. In Norwegen dieses Byzanz in Blau, das sein Minarett mit Zwiebeldach durch die Bäume reckt. Unwillkürlich denkt man an das Schicksal eines Mannes, der, verloren im Raureif, Heimweh nach Jerusalem oder das Marmarameer hatte …, aber weit gefehlt, denn diese „Datscha" gehörte Ole Bull, dem genialen, norwegischen Geiger des 19. Jahrhunderts und Fan der Vereinigten Staaten!

Holz: Leib und Seele

Was die bauphysikalische und technische Seite betrifft, hat es seit Urzeiten zwei Konstruktionsarten gegeben. Die Blockbauweise: Horizontal übereinander geschichtete Rundstämme oder Bohlen bilden die Wände, die das gesamte Gewicht des Dachstuhls tragen. Und die Skelettbauweise: Hier besteht das Tragwerk des Hauses nicht aus Stützen

850

Geschnitzte Holzverzierungen an der Fassade und im Inneren der norwegischen Villa des Geigers Ole Bull.

und Trägern, die Wände sind nur Füllungen wie zum Beispiel bei den Fachwerkhäusern. Die zweite, weltweit wohl am meisten verbreitete Technik ist charakteristisch für die Bauten in Nordeuropa, den Vereinigten Staaten und Asien. In anderen Gegenden, vor allem in den Alpen, existiert sie neben der Blockbauweise. In beiden Fällen handelt es sich jedoch ursprünglich um Architektur von Nomadenhäusern, die ab- und wiederaufgebaut werden konnten. Forstarbeiter für Waldrodungen, Bauern von sich auslaugenden Böden und Bewohner von zerstörten Gebieten mussten schon immer weiterziehen.

Die wichtigsten technischen Entwicklungen basieren auf jeden Fall auf der Skelettbauweise. Und heute kommt Holz dank der Brettschichtholztechnologie bei der Spannweite allmählich an die Leistungen von Stahl heran (einhundert Meter Länge bei Holzbrücken). In der Festigkeit übertrifft es Stahl. Im Brandfall dürfen die Feuerwehrleute zum Beispiel ein Haus mit einer tragenden Struktur aus Holz länger betreten. Denn im

Frankreich, Rouen – Fachwerkhaus in der Rue de Martainville.

Gegensatz zu Beton und Stahl, von denen der eine zerspringt und der andere sich verbiegt, bewegt sich Holz unter dem Einfluss von Hitze nicht. Zudem ist es durch seine ausgezeichneten Isoliereigenschaften im Unterschied zu Beton und Stahl ein sehr schlechter Wärmeleiter. Im Gegensatz zum fest verankerten Vorurteil braucht es geraume Zeit, bis Holz zu brennen beginnt. Ein Beweis dafür sind die Schwierigkeiten beim Anzünden eines Kaminfeuers, wenn man die Tricks nicht kennt. Ja, paradoxerweise hält Holz Feuer sehr gut stand. Und wenn es Feuer

USA, Vermont –
traditionelles Holzhaus.

Indien, Dorf Sarahan, Bundesstaat Himachal Pradesh im Herzen des Himalaja – Holzhaus mit regionaltypischem Steinplattendach.

gefangen hat, verbrennt es langsam, ohne schädliche Gase zu erzeugen. So sind in der Schweiz die Brandschutzwände aus Holz ...

Ein anderer erstaunlicher Widerspruch von Holz ist, dass seine Festigkeit mit Leichtigkeit und Flexibilität einhergeht, ein Umstand, der es zu einem exzellenten Baumaterial für jede Art von Gelände macht. Nur mit Holz ist es möglich, ein Haus auf sandigem Boden, einem zu steilen Hang oder einer winzigen Parzelle in der Stadt zu bauen. Nur mit Holz findet man Lösungen, wenn ein Gebäude, das das zusätzliche Gewicht von Mauerwerk oder Stahl nicht tragen würde, aufgestockt werden soll. Und nur Holz erlaubt, was mit keinem anderen Baustoff möglich wäre: ohne größere Bodenarbeiten die Wohnfläche zu vergrößern.

Was Herz und Seele betrifft, hat Holz die mystischen Eigenschaften geerbt, die den Bäumen zugeschrieben werden. Es trägt ihre allmächtige Vitalität in sich. Im Mittelalter meinten die Christen, dass aus einem Stück Holz vom Kreuz Jesu Christi ein grüner Zweig gewachsen sei. In der chinesischen Tradition ist Holz das fünfte kosmogonische Zeichen, jenes, das Dynamik in die Einheit der vier anderen – Feuer, Erde, Metall und Wasser – bringt. In Verbindung mit dem Frühling und dem Orient steht es für das junge Yang.

Holz symbolisiert auch den Lebensbaum. Das Fließen der kosmischen Kräfte zwischen Erde und Himmel, der Jahreszeitenzyklus, Bilder der ewigen Erneuerung oder Wiederauferstehung, diese Symbole werden ihm von allen Völkern, von den Germanen bis zu den Muslimen, von den Kelten bis zu den Buddhisten zugeschrieben. Aber sind das nur Symbole?

In seinem wunderschönen Buch „Die Kunst der Holzarchitektur" erzählt Will Pryce, dass „die japanischen Baumeister sogar für die Nordseite eines Gebäudes die Bäume der nördlichen Berghänge verwendeten, da sie davon ausgingen, dass der Baum die Anforderungen dieser Himmelsrichtung während seines Lebens bereits ‚erlernt' hatte."

Und ein Jahrtausend später stehen wir noch immer voll Bewunderung vor diesen Pavillons, deren Erbauer sich für die Bäume begeisterten ...

Ein aktueller Rundgang

Insel des Stockholmer Archipels – Haus eines passionierten Bootdesigners mit Hütte für die Unterbringung der Fischerausrüstung.

Holz heute, die große Palette seiner Möglichkeiten

In ein humaneres Jahrhundert als das vorige ...

Die Geschichte der Holzarchitektur des 20. Jahrhunderts ist erfreulich. Man könnte vermuten, dass sie der Beton, der sich über Städte und Vorstädte ausbreitete, begraben hätte, aber dem war nicht so! Zwischen dem jahrhundertealten Holz und den allgegenwärtigen Beton-/Glas-/Stahlkonstruktionen entstand trotz der Gegensätze eine Komplizenschaft. Im Übrigen fällt die Entwicklung der Holzindustrie und ihrer neuen Technologien just in das Jahrhundert des Betons. Mittlerweile weiß man, dass die neue Blüte der Holzarchitektur nicht nur eine Modeerscheinung ist – weder das flüchtige Schwärmen von gestressten Städtern – noch ein rückwärtsgewandter Ökotraum. Und doch hatte diese neue Welt enorme Anlaufschwierigkeiten.

„Ein Haus ist eine Maschine zum Wohnen … Ein Sessel ist eine Maschine zum Sitzen …". Diese Worte des Beton-Architekten Le Corbusier klangen in meinen Ohren immer eher unheimlich als lustig. Als wäre es ein Sinnbild für das 20. Jahrhundert, in dem manche Vertreter den Menschen als Panne, als einzukalkulierenden Parameter betrachteten.

1929 besucht Le Corbusier in Moskau die experimentellen Wohnanlagen zur Unterbringung der Massen. Diese sind bemerkenswert innovativ, aber auch von Utopien getragen, die der Sowjetismus bereits in eine Katastrophe verwandelt. Die architektonischen Meisterleistungen seiner Kollegen haben für Le Corbusier also durchaus Reizvolles. Sie bestärken ihn in seinem Architekturkonzept, in dem das Streben nach Komfort Hand in Hand geht mit einer Ästhetik extremer Nüchternheit. Er legt einen Menschen mit erhobenem Arm auf 2,26 Meter Größe fest und leitet davon im Jahr 1950 den Modulor ab, der die idealen Proportionen für den Wohnraum vorgibt. Die ein wenig zu dogmatische Theorie führt zu einer Veränderung der Größenverhältnisse. Zur Reduktion von Lebensraum – mit Raumhöhen von 2,20 Metern, Zimmergrößen von neun Kubikmetern. Ludwig XIV. wäre gestorben vor Lachen. Michelangelo hätte sich erhängt. Aber der Einsatz für diese minimalistische Ästhetik fällt zeitlich schlicht mit der großen Wohnungsnot der Nachkriegszeit zusammen.

In den nächsten dreißig Jahren werden außergewöhnliche Bauwerke erschaffen. Sicherlich. Dafür muss man aber naiv an das angeblich harmonische Leben des Menschen in einem Hasenstall glauben. Und die Tatsache, dass die neue Betontechnologie bisher ungekannte Komfort bedürfnisse erzeugt hat, dass sie den neuen Lebensweisen entspricht und zu den neuen Kunstströmungen gehört, für ein unabdingbares Faktum halten. In Wirklichkeit folgt sie vor allem dem wirtschaftlichen Diktat. Die unter dem Zwang der Baukostenpreise stehenden Architekten mussten nur mehr die Reden ihrer Vorläufer über die Schönheit der „einfachen und schmucklosen Formen", der „klar lesbaren Baukörper" wiederkäuen.

Angesichts mancher Vorstadtviertel wünscht man ihnen noch immer den Henker an den Hals. Auch wenn der Grund des Desasters woanders liegt. In der obligaten Wahl von sich abnutzenden Materialien. Und im ewigen Wunsch, den freien Geist der Architektur in ein politisches Zeichen zu zwängen. So setzte sich Beton im Namen des Konstruktivismus, dann des Purismus, danach des Esprit Nouveau und so weiter in allen Breiten als wirtschaftliche Norm und als Symbol für die neue politische Macht durch. Heute verschlingt er in einem Höllentempo die alten Holzhausviertel Pekings. Unumstößliches Gesetz der zeitgenössischen Megacities? Vor einem Jahrhundert, im Jahr 1920, hatte man in Moskau in einer weniger rasanten Welt schon einmal tausende Holzbauten niedergebrannt. Denn Holz war nicht bolschewistisch.

Gewiss. Es verbreitet zu viel Behaglichkeit und eine zu beruhigende Atmosphäre.

Die Renaissance der Holzarchitektur

Die Geschichte ist eine komische Kassandra. Für mich ist sie wie jemand, der einen Drachen steigen lässt. Jedes Jahrhundert hebt an, schwebt hoch am Himmel und fällt dann wieder herunter … auf die gleiche Stelle.

Die ersten Wunderwerke der Betonarchitektur – vorausgesetzt, formale Einfachheit wird nicht als Ärmlichkeit, Schmucklosigkeit nicht als Reflexion des Elends gesehen – sind in Österreich entstanden, zu Beginn des 20. Jahrhunderts mit Josef Hoffmann und Adolf Loos. Und auch der neue Aufschwung kommt wieder aus Österreich, diesmal mit der Holzarchitektur.

Alles begann Ende der 1960er Jahre in den Vorarlberger Bergen. Wahrlich einer entlegenen Randregion der Erde. Zimmerleute und Architekten, die außer die Bewohner dieser kleinen Gegend niemanden interessieren, legen die Grundlagen für das neue Wohnen mit Holz. Inspiriert von der Ästhetik der Betonbauten suchen sie neue Lösungen, um die von traditionellen Holzhäusern geprägte Landschaft mit der neuen Geometrie zu versöhnen. Vor allem ab dem „ersten Ölschock" rationalisieren sie alle Techniken, so dass der Holzbau zum Modellfall für den sparsamen Umgang mit Energie wird, beim Material, der Baugeschwindigkeit und in der Nutzung gleichermaßen. 1980 jedoch, als diese Unternehmungen über das Regionale hinausgehende Beachtung finden, gelten sie noch als inakzeptabel. Die österreichische Bundesarchitektenkammer geht sogar gegen die Architekten vor und bezeichnet sie als Wilde. Heute allerdings, nach dem Kioto-Abkommen, ist ihre Holzarchitektur zur Referenz mit weltweiter Ausstrahlung geworden. Komische Kassandra!

Dringt man tiefer in die Beziehungsgeschichte von Beton und Holz im vergangenen Jahrhundert ein, stößt man auf weitere Überraschungen.

Wenn man einen richtigen Rundgang durch die Fotos in diesem Buch unternimmt, wenn man sich die Zeit nimmt zu träumen, in den Bildern zu wohnen, bei dem einen oder anderen kühnen Bau, bei ungewohnten Inneneinrichtungen länger zu verweilen, dann zieht man oft den Schluss, dass solche Häuser außerordentlich viel kosten würden. In Frankreich, wo aus Gott weiß welchen Gründen das Bild des Architekten unverrückbar mit dem des begüterten Besitzers verbunden ist, gilt ein Holzhaus traditioneller Machart immer als eher erschwinglich. Ein trügerischer Eindruck, den die Geschichte von Frank Lloyd Wright zerstreut, wenn man hinter die Legende schaut.

Natürlich ist dieser außergewöhnliche Architekt der ersten Hälfte des 20. Jahrhunderts für den Luxus seiner Schöpfungen für betuchte Bauherrn bekannt. Natürlich hat er überragende Arbeiten in Beton, Stahl, Ziegel und Stein geschaffen. Hat mit seinem Gespür für die Landschaft, egal ob natürlich oder urban, ein Gebäude in spektakulärer, aber doch harmonischer und einfühlsamer, klarer Weise in diese einfügen können. Wright hatte als erster Materialien miteinander kombiniert, Beton mit Ziegel, Holz, Stahl, Glas, durchscheinendes Wellblech; und er hat als erster bewiesen, dass sich diese gegenseitig aufwerten … Daher ist weniger bekannt, dass er auch wie die Vorarlberger Architekten Holzhausprogramme für die Mittelklasse geplant hat. Und das im Amerika der ausgehenden 1930er Jahre.

Streng genommen ist ein Holzhaus ein Haus, dessen Tragwerk aus Holz besteht, auch wenn die Wandfüllungen aus Ytongsteinen, Steinen oder Ziegel bestehen. In diesem Sinne ist Chambord ein Holzschloss. Und in diesem Sinn steht Frank Lloyd Wrights kostengünstiges Holzhausprogramm genau im Gegensatz zur offiziellen Definition: Trotz der Holzwände wären sie keine Holzhäuser, weil ihre tragende Struktur aus Ziegeln besteht. Nichtsdestotrotz, ihre Ästhetik und technischen Lösungen machen sie zu Verwandten der heutigen Holzarchitektur.

Technische Details ... trotzdem spannend

Um sein Ziel eines sparsamen Baukonzepts zu erreichen, überlegt Frank Lloyd Wright, wie auf Überflüssiges verzichtet werden kann. Das Überflüssige, das wie bei Adolf Loos und Le Corbusier oft mit dem Hässlichen verwechselt wird: „Der altmodische Keller, ausgenommen für Heizung und Brennstoff, war immer eine Ärgernisquelle", schreibt er. Seine Gedanken über das Überflüssige veranlassen ihn, sowohl ein „voluminöses" Dach als auch Hängelampen in den Zimmern zu verbieten. „Wir [...] können das Stromkabelnetz selbst zur Lichtanlage machen und das Licht zur Decke hinauf- und von der Decke herabwerfen. So wird die Beleuchtung indirekt, abgesehen von einigen Anschlüssen für Stehlampen."

Wie Le Corbusier arbeitet auch er daran, die traditionelle Einrichtung durch den Einbau von Regalen, Schränken, Kleiderschränken, Tischen, Bibliotheken zu ersetzen ... allerdings aus Holz, nicht aus Beton!

Und wie Le Corbusier setzt auch er sich für eine andere Lebensweise ein, für die Befreiung der amerikanischen Frau der Mittelklasse aus der Abgeschiedenheit ihrer Küche. Dafür hebt er die räumliche Trennung von Küche, Speisezimmer und Wohnzimmer auf. So entstehen Häuser, die sich in der Horizontalen auf verschiedenen Ebenen in L-Form, in Achteck- und anderen Formen ausbreiten. „Gefährten des Horizonts" nennt er sie. Ihre Baukörper, im Geschmack des 20. Jahrhunderts, sind innen wie außen umso außergewöhnlicher, als Frank Lloyd Wright im Unterschied zu Le Corbusier die Qualität der Materialien, vor allem von Holz und dessen Bearbeitung, besonders wichtig war.

Sein am Ende der 1930er Jahre entwickeltes Konstruktionsprinzip ist, das sei noch einmal betont, sehr aktuell. Auf einem Boden aus Kies werden zunächst Schlangen für die Dampfheizung verlegt. Diese werden in eine zehn Zentimeter dicke Zementplatte eingelegt. Das ist die Adaptierung der alten römischen Fußbodenheizung. Außerdem steht jedes Holzhaus, das die Jahrhunderte unversehrt überdauert hat, auf einer Platte.
Aus Stein, aus Zement, egal, Hauptsache, das Holz kommt nie direkt mit der Erde in Kontakt.

Dann baut man auf diese Platte oder Plattform die tragenden Elemente aus Ziegel in die Winkel. Danach werden die Wände hochgezogen. „Die Wände", schreibt Wright, „sind innen und außen aus dem gleichen Material – drei Bretterschichten, dazwischen Papier [für optimale Isolierung], die Bretter zusammengeschraubt. [...]. Überhaupt kein Anstrich. Holz konserviert sich selbst am besten."[1] Diese Sandwichwände werden als Platten in der Fabrik vorgefertigt, zur Baustelle transportiert und dort direkt in das Tragwerk eingefügt.

Der Unterschied zur heutigen Holzhausarchitektur? Er liegt vor allem in der Weiterentwicklung des Plattenaufbaus.

Der Reichtum der ästhetischen Möglichkeiten beschränkt sich beim Holz nicht nur auf die räumliche Gestaltung. Er gilt auch für die Verschalung, für diese Haut, die an der Skelettkonstruktion angebracht wird, um das Gerüst zu schützen und das Haus zu belüften. Außerdem bietet die Verschalung die ganze Palette grafischer Gestaltungsmöglichkeiten. Die Latten können, unbehandelt oder mit Lasuren bunt bemalt, horizontal, vertikal, diagonal oder für ein Design, das organisch wirken soll, sogar kurvig verlegt werden. Architekten, die viel und gerne mit Holz arbeiten, spielen außerdem mit Material- und Lichteffekten, indem sie verschiedene Holzarten kombinieren.

Und dann wird oft eine nicht unwesentliche Eigenschaft vergessen: Im Unterschied zu Beton, der verwittert, wird Holz mit dem Alter schöner. Holzarten wie Western Red Cedar, Douglasie, Lärche, Eiche oder Kastanie, aus dem Kern geschnitten, halten allem stand. Fassaden brauchen keine besondere Pflege. Anstatt sich abzunutzen, bekommt unbehandeltes Holz eine Patina. Seine Farbe variiert von Silber über Braun bis Dunkelgrau, immer abhängig von Art und Ausrichtung der Fassade. Schweizer und Österreicher schätzen diese gräuliche Patina. Die Skandinavier bevorzugen farbige Lasuren, glänzende Rottöne, die die grüne Tiefe ihrer Wälder und im Winter die Kälte der langen Schneefälle aufhellen.

Korsika, Sperone (bei Bonifacio) –
Terrasse einer Villa von GEA architectes;
Baujahr: 1992.

Am Wasser

Ein klarer Hintergrund aus rechtwinkeligen Linien,

Mittag, der strenge, kocht aus Feuersglut,
Das Meer, das Meer in stetem Neubeginnen.
O Lohn des Geistes, wenn nach manchem Sinnen
der Blick auf Götterstille lange ruht.[2]

– ein so klarer Hintergrund, dass man beim Anblick dieses Bildes Paul Valérys marmorweißes Gedicht hört.

Bei diesem Bild hat die moderne Holzarchitektur offenbar mit ihrer Geschichte gebrochen. Keine kunstvoll verzierte Fassade, kein Fachwerk mehr, sondern einfache, geradlinige Körper. Die ästhetische Suche geht weg von der Fassade, die früher wie eine Zeichnung behandelt wurde, hin zum Baukörper und den Möglichkeiten der Dreidimensionalität. Das Spiel aus Verschachteln und Herausbrechen einzelner Volumina charakterisiert das heutige Bestreben, nicht nur jenes in der Holzarchitektur.

Und dann, betrachtet man das Bild genauer, mit seiner Meeresfrische und Sommerhitze, mit dem von einer leichten Mistralbrise geblähten Vorhang auf dem Cap von Bonifacio, erfreut das sinnlich-weiche Holz das Auge, weil es die harten Kanten unter der bleiernen Sonne mildert,–

irgendwie aber ist diese Freude fehl am Platz. Denn hier scheint die Holzarchitektur trotz der ausgedehnten Wälder Korsikas und der mediterranen Formensprache der Villa auch klar den Bruch mit der Geschichte einer Landschaft zu deklarieren. Und plötzlich wehren sich Körper, Herz und Geist, so sehr befremdet die Behaglichkeit von Holz in der Poesie des Südens. Und doch …

Da erinnere ich mich, wie ich als kleines Mädchen die weißen, in den Augen brennenden Steinmauern oder die groben, gekalkten, von der Sonne ausgebleichten Gebäude nie gemocht habe. Ich, die ich aus einer Welt mit saftigen Weiden und grünblauen Wäldern kam, konnte mich mit ihnen nicht anfreunden. Nicht mit dem Kakigrün der Garrigues-Sträucher und der Pinien. Nicht mit dieser grellen, kreideweißen Welt. Nicht mit all diesen bescheuerten Häusern ohne richtigem spitzen Dach – auch wenn sie meine Neugier weckten. Langsam wurde ich von ihrer harten Schönheit berührt, weil ich dort wohnte und vor allem, als ich dort nicht mehr wohnte. Aber jetzt, wo ich sie in mir trage, ja, da verstimmt mich etwas an diesem Bild.

Oder ist es nur die Tücke unseres Gedächtnisses, das ganz schnell Archetypen schafft? Zwischen Cassis und La Ciotat kombiniert man schließlich schon seit langem Holz und Zement bei den kleinen provençalischen Wochenendhäusern …

Nun gut, egal ob Holz oder nicht, ein moderner Bau wirkt oft gelungener, wenn er Spuren seiner Umgebung trägt. Und so ungewöhnlich das schiffsförmige Haus „Odyssée“ auf Seite 54 auch ist, man kann sich sofort ein glückliches Leben darin vorstellen, ist es mit der

Farbe und mit der Dachform doch fest verankert in der Vergangenheit seiner Hafengegend und in der bretonischen Architektur.

Aber dem Wasser entlang entstehen auch harmonische Verbindungen mit dem Fremden. Entsteht eine Architektur, die so selbstverständlich da ist, als wäre sie schon immer hier gewesen.

In der Nähe von Chartres leuchtet an einem See ein rotes Haus aus dem Grün der Bäume. Groß und hoch gebaut, dadurch in einem für die Gegend fremden Stil, würde man dennoch glauben, es stünde schon lange hier. Ich sehe es als Fischerhaus vor mir, in einer Zeit, in der wir nicht genug bekommen konnten, von den Forellen und Hechten, ein Fischerhaus, das womöglich zum Landhaus geworden ist. Doch nein, es ist ganz neu und sein Stil kommt von weither … In der Tat kann niemand sagen, nach welchem Gesetz die Harmonie zwischen Landschaft und architektonischer Schöpfung funktioniert. Nach der Geschichte der Formen innerhalb der Geschichte einer Region und seiner Geografie? Nicht immer und nicht nur.

Der alte Pythagoras, der der Architektur die heilige Aufgabe zuschrieb, den Himmel mit der Erde und den Menschen mit dem Kosmos zu verbinden, meinte, dass die Zahlensymbolik uns den Schlüssel dafür in die Hand gäbe. Die Wahl eines Platzes, seine Himmelsrichtung, Landschaft, Natur, Klima, die Form des Baus und seine Proportionen, all das wurde durch die Musik der Zahlen, darunter auch die goldene Zahl, festgelegt.

Über das große Mysterium des Harmonischen spricht Jean Nouvel, sich auf Gaston Bachelard beziehend, von „der Menge der Zeit, den ein Lebensraum enthalten konnte“. Und wie kommt diese Menge Lebenszeit in ein neues Gebäude?

Und doch, es ist möglich! … Sehen Sie sich das Haus auf der folgenden Seite an, das erst 1960 gebaut wurde. Es sieht aus, als hätten – ursprünglich – Figuren wie Henry James darin gewohnt oder diese amerikanischen Aristokraten, die in den 1900er Jahren kreuz und quer durch Europa reisten, deren lässige Eleganz uns faszinierte, auch wenn sie in ihrem Innern ein bisschen steif und strenger waren als wir …

Außen Strenge, innen Luxus, Ruhe und Sinn für Ästhetik

Turm der Villa, innen mit einer Stiege aus Glas und gebürstetem Stahl, die von einem transparenten Dach überwölbt wird.

DAS WASSER DES SEES HAT DIESE DUNKLE FARBE, an der man erkennt, dass eine schwache, frische Brise weht. Die Holzverschalung, von zahllosen Unwettern silbergrau geworden, schillert im Licht. Eine schwache Sonne malt in zarten Strichen die chinesischen Schatten des angrenzenden Waldes auf den Turm. Aber all das sind nur flüchtige Bewegungen auf der Oberfläche der Dinge. Die Zeit ist stehen geblieben, vor diesem ein wenig melancholischen Herrschaftshaus, in dem sich das Leben trotz der großen Fensteröffnungen an der Fassade in das Innere zurückgezogen zu haben scheint.

Ansonsten stehen die charakteristischen Merkmale dieser Architektur – nüchterne und kompakte Baukörper, Strenge im Gegensatz zu den kalifornischen Extravaganzen – vor allem für den Geschmack des amerikanischen Großbürgertums der Nordstaaten. Und für die weitergegebene Diskretion. Dieser tugendhafte Stil bezauberte ein französisches Pärchen, die heutigen Besitzer.

Im Inneren löst sich die Strenge auf und lässt eine andere Welt zum Vorschein kommen. Eine zarte, behütete Welt, geschaffen von Ästheten, die es verstehen, kühne Entscheidungen zu treffen, ohne je ihr instinktives Gespür für ausgewogene Harmonien aufzugeben.

Kühn ist die Stiege im Turm, die unter einem transparenten Glasdach endet und deren Stufen aus Glas und gebürstetem Stahl bei Einbrechen der Nacht zu leuchten beginnen. Kühn ist sie, diese Schnecke aus smaragdgrünem Licht hinter der derart strengen Turmfassade, wie eine phosphoreszierende Muschel im Meerwasser. Ansonsten dominieren helle und weiße Farbtöne, weiche Behaglichkeit und Seelenfrieden inmitten von raffiniertem Mobiliar mit gekonnt gesetzten Kontrasten aus viktorianischem Stil, 1920er und 1960er Jahre.

Villa auf Long Island, Neuengland, ein Bau aus den 1960er Jahren, renoviert von der Architektin Anik Pearson, der Tochter der heutigen Besitzer.

Die große zum Speisezimmer hin offene Küche (auf der nächsten Seite abgebildet) mit puristisch-klarer Einrichtung bringt die Weite unter dem hohen Plafond zur Geltung.

Bemalter Holztisch im Shakerstil und dänischer Luster aus den 1960er Jahren.

Ein anderer Blick auf den Küchen-/ Essbereich, der vom zweiten Stock aus durch das große Glasfenster eine Aussicht auf See und Wald bietet.

Funkenschutz, Luster mit Efeuranken, Couchtisch „Abyss" mit Flechtwerkfußgestell, alle drei entworfen und produziert von der Firma der Hauseigentümer, La Forge française.

Gästezimmer im Erdgeschoss des Hauses.

Frisierkommode im viktorianischen Stil von einem Trödelmarkt auf Long Island und Totem-Obelisk von James de Woody, Künstler und Familienmitglied.

In den See gerückt, wundervoll …

EIN GOLDFARBENER STROM FÄLLT AUF VENEZIANISCHES ROT, das das abendliche Wasser glättet, während das Bootshaus mit weit geöffneten Toren auf die Rückkehr der Boote wartet in jenen glücklichen Sommern, in denen Cousins und Cousinen … aber nein! Es ist ganz klein, dieses Haus, das einer Kirche ähnelt und sich aufs Wasser hinauswagt, hoch droben auf dem Bootshaus.

In Wirklichkeit ist das hier eine andere Geschichte. Die eines leidenschaftlichen Sammlers von alten Booten, der für sie das schönste aller Bootshäuser gebaut hat. Im Inneren des Bootshauses strömt helles Dämmerlicht vom Gebälk und den Gitteröffnungen herab, tanzt über das Holz der Kais und sprenkelt das durchscheinende Wasser im Bassin. Einen Tisch gibt es da und Stühle, damit man wie in den Häfen den vorbeiziehenden Fischschwärmen zusehen kann, und den traumhaften Schiffen, die auf Stapel liegen – prächtigen Kanus, Skiffs und Leichtern, die daliegen wie brav schlafende Kinder bei der Siesta. Flaggen aus Stoffen, die vom vielen Flattern im Meereswind fast durchsichtig geworden sind, hängen nun an einer Leine, unbeweglich wie die Wachen vor dem Schloss von Dornröschen. Das ist ein Bootshaus für tausend alte Träume, die im sicheren Hafen gelandet sind. Mit einer großen Treppe hinauf ins Paradies, zehneinhalb Meter weiter oben.

Das Paradies, selbstverständlich ohne Wasser und Strom, ist eine exquisite Zelle, in der wie in einem Kloster nur nützliche Dinge zugelassen sind. Die allerschönsten darunter sind ein Campingbett aus Italien, ein alter Schiffskoffer, ein dänischer Holzofen, ein Fernrohr auf seinem Stativ … Von diesem Observatorium geht es hinaus zu einer kleinen Terrasse über dem See zu Reihern, Enten, wilden Schwänen und Möwen …

Auch architektonisch gesehen ist der Ort hier außergewöhnlich. Zunächst wegen der Durchgängigkeit, mit der man sich für Holz entschieden hat, von den Wänden aus unverrottbarem Oregon Pine über die Kais im

Bewohnbares Bootshaus im französischen Departement Eure-et-Loire; Architekt: Bertrand Stoll, Baufirma: Darblay & Wood.

Ladebaum zum Hinaufziehen des Korbs mit Brennholz für den Holzofen.

Das Haus von hinten mit der Verlängerung des Bootshauses auf festem Boden.

Ganz oben die kleine Terrasse wie ein Sprungturm über dem See.

Das „Observatorium" mit Terrasse hoch oben am Himmel und der Inneneinrichtung des Schlafzimmers.

Inneren und die Böden bis zum Dach, das nicht aus Zink, sondern aus Schiffssperrholz besteht. Aus Beton sind nur die Pfeiler, die das überstehende Haus auf dem Ufervorsprung verankern. Im Übrigen fand der Architekt zahlreiche Lösungen genau für das Leben eines Sammlers, der seine Kunstwerke auf dem See spazieren führt. Zum Beispiel verhindert ein Stück Holz unter Wasser einerseits, dass Schwimmvögel in das Bootshaus eindringen und andererseits, dass die Tore während eines Manövers durch einen Windstoß zufallen. Was die Ästhetik der Baukörper betrifft, gilt immer: die Funktion zuerst, in diesem Fall die Funktion eines Bootshauses. Trotzdem betrachtet man das Haus wie ein Bild. Diese prächtige Schönheit in Rot, noch hervorgehoben durch die graublaue Farbe der Dächer und das helle, unbehandelte Holz der Terrasse.

Bassin im Bootshaus mit vertäutem Kanu.

Balkengerüst des Bootshauses nach dem Vorbild des kanadischen Boathouse.

SIMPLICITY

Wenn Odysseus und Kapitän Nemo im Frachtkahn auf- und davonfahren …

Schwimmendes Haus mit dem Namen „Odyssée" in Nantes, Frankreich: Architekt und Bauherr: Éric Boucher, Baujahr: 1981.

ES HEISST „ODYSSÉE", und es schwimmt und verkörpert dabei die drei großen Mythen über die Schiffe, diese mütterlichen Schutzräume für kosmische Reisen. Aber wenn es auch den ganzen Odysseus, den Wal des Propheten Jonas und das U-Boot von Kapitän Nemo in sich trägt, bleibt es doch eine friedliche Oase – ein Kahn, fest vertäut am heimeligen Glück.

Und das ist nicht sein einziges Paradoxon: ein Haus, das reist ohne sich zu bewegen, das mit dem Kiel nach oben schwimmt und einer Kirche genauso gleicht wie einem Schiff, das die Legenden über das Meer aus der Sicht eines Festland-Frachtkahns erzählt. Um so viele Bilder zu wecken, muss es natürlich eine einzigartige Geschichte haben.

Entworfen und gebaut wurde es von seinem Besitzer. Alles hat er selbst gemacht: die über eine Balkenlage verbundenen Schwimmer, die Bögen des Tragwerks, das Dach aus Zedernziegeln, die Böden und die Holztäfelung. Es wurde sein Architekturdiplom, sein Büro und seine Wohnstätte.

Die formale Kühnheit folgt immer einer inneren Logik. Kein „architektonischer Wurf" mit einer Ästhetik, die auf Kosten von allem anderen geht. Alles, was an der Odyssée schön ist, steht in Zusammenhang mit technischen Lösungen für die konkreten Probleme des Alltags. So stülpt sich das große Glasfenster über ein Gewächshaus, in dem die Pflanzen das Abwasser recyceln. Autonom ist das Haus nicht nur bei der Abwasserreinigung, sondern dank der Sonnenkollektoren auch bei der Heizung.

Nach Ithaka zurückgekehrt, ist das gemütlichste von Odysseus' Schiffen heute das Büro seines Architekten …

Sonniges Mittagessen in einem Dom aus Licht, der auch als Gewächshaus fungiert.

Zwei Ansichten auf das Büro des Architekten, die moderne Überwasserversion von Kapitän Nemos Büro.

Die Zimmer sind über eine offene, das Glashaus dominierende Galerie miteinander verbunden.

Eine Treppe hinauf in die Bäume.

Gediegene Variante des Hüttenmotivs

IDYLLISCH IST SIE, DIE DÜNE VON PILAT an der französischen Atlantikküste, aber auch gefährlich. In der Tiefe bewegt sich der Sand mit den Meeresströmungen, die mit ihrer Kraft zunächst die Deiche und dann das Festland angreifen, so dass fest gebaute Häuser am Strand und selbst die alten Blockhäuser einstürzen. Von einem ungefähr fünfzehn Meter vom Meer entfernt gelegenen Haus blieben 1985 nur zwei Mauern übrig.

Ein großer Liebhaber dieser Gegend beschloss jedoch vor nun mehr als zwanzig Jahren, die Geschichte der traditionellen Holzhütte der Harzsammler, Fischer und Austernzüchter fortzuschreiben. Die Hütten, die er zu bauen begann, wuchsen bald zu richtigen Häusern heran. Bis zu jener Hütte in Palastgröße, mit pagodenartigen Etagen und Veranden für schattige Sonnenbäder, mit ihren zahlreichen Salons, Küchen, Kaminen und sieben Zimmern, von denen das schönste, ganz oben, riesig groß ist und wie ein Leuchtturm auf allen vier Seiten Fenster hat.

Es ist auch ein Palast mit zahlreichen Vorsprüngen und Fassaden, manche davon ausgewogener als andere, sowie einem Labyrinth im Inneren mit kleinen Rückzugsecken in einigen schönen, transparenten Zimmern.

Eine Beschreibung fällt schwer aufgrund der Linearität der Sätze, die aus dem Haus ein Konglomerat ungleicher Schichten macht, die dreidimensionale Realität setzt es jedoch wieder zu einem ausgewogenen Ganzen zusammen.

Im Becken von Arcachon auf der Halbinsel Cap Ferret in Frankreich – Entwurf und Realisation: Benoît Bartherotte; Bauzeit: 1996–1999.

Auf jeden Fall ist dieses Haus aus dem riskantesten Prinzip von allen entstanden: der Inspiration während der Bauarbeiten. Doch ihr Erbauer hatte eine solide Erfahrung hinter und eine noch immer starke Leidenschaft vor sich. Eine Linie, die honigfarbenes Licht erzeugt, zieht sich durch die gelungene Einheit des Ganzen: ausschließlich Massivholz und Pinienholz aus der Umgebung. Aber das Schwierigste ist damit nicht getan. „Der Hausbau ist nichts im Vergleich zu den Deichen. Neunzig Prozent der Arbeit ist das Zurückgewinnen und Schützen von Land", sagt er.

Die schattige, umlaufende Veranda im ersten Stock, eine Kopie von jener im Erdgeschoss, bietet noch eine schönere Aussicht über das Becken von Arcachon.

Zweimal die Weite eines Raumes, den das Licht von allen Seiten durchströmt.

Traditionelle Küche mit zeitgemäßer Ausstattung und einem Kamin zum Grillen als zusätzlichem Komfort

Zusatzküche im ersten Stock, im Spiegel sind die kleine Wohnecke auf der Veranda und das Meer zu sehen.

Zwei Zimmer auch im ersten Stock, in denen Pfosten und Balken zum Baldachin werden.

Kleines Kinderzimmer
mit Stockbett,
für Robinson Crusoe
und Freitag.

Ein Spielzeug auf dem Green

Es wirkt ein bisschen übertrieben mit seinen großen Bullaugen, dieses Ferien- und Wochenendhaus, das allem ähnelt, nur nicht einem typischen Holzhaus des atlantiknahen Landes. Einer großen Eule, einem Lego-Schiff oder einem Kartenschloss.

In Wirklichkeit erklärt sich die komplizierte Fassaden- und Dachkonstruktion durch die seltene Ausrichtung des Hauses – nach Norden wegen der Aussicht auf den Golfplatz – und durch die lokalen Umweltschutzbestimmungen, die alte Dachziegel und die Dachschrägen vorschreiben.

Um die Nachteile dieser Himmelsrichtung wettzumachen, brach der Architekt die Fassade in drei Flächen auf und vergrößerte dadurch den Lichteinfall. Dadurch entsteht ein großer, achteckiger, offener Küchen-/Wohnbereich mit Öffnungen an fünf der sechs Raumseiten. So scheint die Morgen- und Abendsonne durch die drei Bullaugen und drei Fensterflächen, die der Symmetrie der eingeschnittenen Fassadenflächen folgen. Auch die Entscheidung, unbehandeltes Holz für die Außenverschalung zu verwenden, drängte sich auf. Denn Nadeln, Blütenstaub und Harze der Pinien lagern sich auf der Fassadenverkleidung ab, wodurch Farbe und Lasuren schnell altern würden.

Steht man vor den Liegestühlen, ähnelt das Haus nun nicht mehr einer Eule, sondern es scheint wie ein Schiffsbug vorbeizuziehen. Die Besitzer, begeisterte Anhänger vom nahen Meer und seinen Wellen zum Surfen, lieben diesen maritimen Touch. Er prägt die Innendekoration – mit ihren Farben des Meeres bis zu den Hortensiensträußen – und setzt Zeichen – wie das Rohr des großen Schwedenofens, der wie der Kamin eines Frachtdampfers wirkt.

Und wenn hinter den Bullaugen die Pinienkronen hin- und herwogen, wähnt man sich fast auf dem Meer.

Holzhaus am Golf von Seignosse in den französischen Landes – Architekt: Jacques Vives; Baujahr: 1999.

Drei Ansichten des großen Wohnraums, Küchen-/Wohnbereichs mit fünf Fassaden, drei Fensterflächen und drei Bullaugen.

Eines der vier Zimmer,
jenes im Mezzanin oberhalb
des großen Wohnraums;
die blaue Farbe der Balken betont
die komplexe Konstruktion.

„Sous le soleil, exactement …“[3]

Da ist zunächst eine strahlend weisse Villa, nur ein Stück „Art de vivre“, ohne größere architektonische Innovationen oder historische Zitate: ein solider Baukörper mit klaren Symmetrien.

Nach und nach erst offenbaren sich subtile Eingriffe. Das Balkongeländer aus Holz und die Fensterbänder im Erdgeschoss strecken das Haus in die Länge, lassen es leichter und niedriger wirken, als es tatsächlich ist. Dann entdeckt man den Rhythmus der Fassade, aus den großen Horizontalen und den kontrapunktisch dazu gesetzten Vertikalen.

Im Inneren lebt der Rhythmus weiter. Eine einzigartige Einrichtung – die nie über die Unterkante der Fenster hinausreicht – lässt mit ihrer weißen Farbe die große Ruhe der Horizontalen wirken. Im Zentrum des Lebens steht hier das ewige Schauspiel der Landschaft vor einem Zimmer, rundum das Haus: Das geht bis zu einem außergewöhnlichen Badezimmer inmitten der Landschaft, in dem die erhöht angebrachte Badewanne bis an die Unterkante der drei Fenster reicht.

Die Einfachheit der klassisch-modernen Möbel wie zum Beispiel Klappstühlen aus Peddigrohr verbirgt und offenbart zur gleichen Zeit einige ausgefallene Elemente. Eine gegenläufig gekrümmte Treppe – ähnlich einer Muschel –, deren Drehung plötzlich in die andere Richtung weiterläuft; ein würfelförmiger Kamin unter einem Fenster, dessen Abzugsrohr wie eine Skulptur wirkt. Das Besondere ist die Allgegenwart der Pinien und die Freude, mit der sie einbezogen werden.

Weiter hinten in diesem Buch gibt es ein anderes Haus in einem anderen Land, das diesem zwar gar nicht ähnlich sieht, aber nach dem gleichen Prinzip entworfen wurde: eine Villa hoch oben, wie das Deck eines Ozeandampfers, der mit seinem Swimmingpool zwischen den Baumkronen hindurchgleitet …

Haus am Atlantik – Architekt und Baufirma: Chalets Rousseau Frères; Bauzeit: 1999–2000.

Wie bei der Kreuzfahrt auf dem Oberdeck, mit einem Swimmingpool in Höhe der wogenden Pinien.

Der Vorsprung von Dach und Balkon sorgt in allen Zimmern für Schatten.

Les Saintes

Offener Küchen-/Wohnbereich, die große Ruhe der Horizontalen in absolutem Weiß.

Die bewusst in die Länge gezogenen Fenster lassen den Pinienwald zur Landschaftsaufnahme werden.

Der Kamin als Konsole unter dem Fenster und sein dickes, ornamental wirkendes Abzugsrohr.

Badezimmer inmitten der Landschaft mit erhöhter Wanne, ihre stumpfen Winkel fügen sich in das architektonische Motiv des Achtecks ein.

Gegenläufig gekrümmte Treppe.

In den Bergen

NEIN, IN DIESEM BEWALDETEN TAL schleicht kein Bär um das blaue Schloss herum. Er lebt nur auf dem Bild, das ich gleich beschreiben werde. Denn plötzlich, um einundzwanzig Uhr sechsunddreißig überkommt mich die Lust, Ihnen nicht die offizielle Geschichte über Chalets zu erzählen, sondern eine andere.

Sie beginnt mit diesen simplen Versen in einem sehr alten Buch:

Tapp! Tapp! Tapp! Tapp! Wer schleicht da durch den Wald?

Wer ist es, der da wankt und schwankt?

Zwei Verse, die mir eine gar nicht so sympathische Großmutter, die noch genug anderes zu tun hatte, tausende Male vorlesen musste. Mit der richtigen Betonung natürlich – tausende Male mit der richtigen Betonung. Noch wichtiger war aber die große, aufregende Zeichnung auf der Seite vor diesen Versen, zu Beginn der Geschichte.

Es ist ein zweifärbiges Bild in Türkisgrün und Schwarz und sich daraus ergebenden zarten, seltenen Grautönen. Ein schwach gezeichneter Weg läuft wie ein kleines Bächlein den Abhang der Seite hinunter. Am oberen Seitenrand führt er weiter hinauf und unten weiter hinunter, kilometerweit über das große Blatt hinaus. Rechts und links davon sieht man in Großaufnahme die Wurzeln von zwei Eichen mit Leberpilzen auf ihren Stämmen und mit Schirmlingen (die klein, blass, schlaff, weich und in Grüppchen stehen), dann noch türkisgrüne Fliegenpilze mit weißen statt roten Punkten. Ein paar Blätter fallen gerade herunter. Am Boden schimmern Eicheln im Moos mit ihren kleinen rauen Hütchen. Oben machen sich eilig zwei Mäuse aus dem Staub, ein Igel liegt schon als Kugel eingerollt. Unten sieht man drei Hasen, einen davon mit Brille, wie sie, plötzlich unruhig geworden, erwartungsvoll schauen. Ja, im Alter von drei Jahren erlebte ich so zum ersten Mal literarische und cineastische Spannung, denn ganz oben auf der Seite, dort wo der Weg abgeschnitten war, da sind …

Da sind die zwei schwarzen, munteren, pelzigen Tatzen eines aufrecht gehenden Bären, der gerade den Berg herunterkommt. Der Rest vom Bär liegt noch außerhalb des Buchs.

Dann folgt die Geschichte eines Bienenstockräubers, der von den Dorfbewohnern gejagt und von Reineke Fuchs in die Falle gelockt wird. Jede Seite zeigt tausend kleine Dinge bis ins letzte Detail: ein Gemüsegarten vor einem kleinen Bauernhaus, eine Dorfstraße, ein mittelalterliches Haus von innen. Meine Berufung zur „Häuseranschauerin“ hat wohl hier ihren Ursprung. Und auf einer dieser Seiten wurde das allererste Chalet beschrieben: „Am Gipfel des Berges hatte Brun l'Ours/Braun der Bär, ein Haus, in dem er mit seiner Frau und seinen vier hübschen Kindern wohnte.“ Blätterte man um, sah man einen kleinen, aus den Bäumen ragenden Felsen. Im Felsen tat sich eine Höhle auf, und ihr Eingang sah aus wie die Vorderseite einer Blockhütte.

Die Psychoanalytiker wissen, wie sehr die Märchen auf ewig unsere Fantasie beeinflussen. Und ich behaupte, sie tun das auch mit der Realität. Sehen Sie nur die Seiten 94 bis 101 an …

Später erfuhr ich im Zuge meiner Kunstgeschichte-Vorlesungen, darunter auch Architekturgeschichte, wie die Ästhetik eines Gebäudes teilweise durch das wirtschaftliche Umfeld und den Technologiestand seiner Zeit bestimmt wurde. Und wie fehlender architektonischer Esprit bei der räumlichen und ästhetischen Konzeption eines Modells vielleicht zu lustig aussehenden Gebäuden führt, die aber zu absurd sind, als dass man darin wohnen könnte; oder wie auf diese Art manchmal ein grotesker, historischer Nachbau entsteht. Deshalb sind für uns die traditionell aufeinandergeschichteten Rundhölzer, wenn sie nicht in neue Holztechnologien eingebettet sind, ein bisschen kitschig.

Aber das Leben ist es auch; das Leben ist auch voll anarchischer Verbindungen, schwankt in einem Moment vom Rationalen zum Exzessiven, vom Gemeinen zum Überwältigenden. Darum setzt dieses Buch auch keine Regeln fest. Das Chalet *Goldlöckchen*, wie ich es genannt habe, hat mit den aktuellen architektonischen Fragen und der daraus resultierenden Ästhetik rein gar nichts zu tun. Es ist das hundertprozentige Gegenteil vom „schwarzen Monolith auf der grünen Wiese" auf Seite 111. Aber vorausgesetzt, man bringt der realen Welt unserer Tage den gleichen Respekt entgegen wie der Welt der Mythen, wie soll man nicht berührt sein, wenn jemand seine Träume in der Wirklichkeit weiterleben will?

Ein seltsamer Beruf, der des Architekten, stets zwischen zwei Polen pendelnd: der eigenen Verlockung, nach Neuem zu forschen und der uralten Nostalgie der Kunden. Gaston Bachelard drückte es gut aus: „Ja, was gibt es Realeres: das Haus selbst, in dem man schläft oder aber das Haus, in dem man beim Schlafen sicher träumen wird. In Paris träume ich nicht, in diesem geometrischen Kubus, dieser Zelle aus Zement, diesem Zimmer mit eisernen Fensterläden, die die nächtlichen Schwingungen nicht hereinlassen. Wenn ich träumen will, fahre ich weg, in ein Haus in der Champagne oder in Häuser, die sie besonders gut einfangen, die Geheimnisse des Glücks.

Postskriptum zur Klärung einer noch offenen Frage. Der Autor von *Brun l'Ours*, gleichzeitig Schriftsteller und Illustrator, ist Samivel, bekannt bei den Erwachsenen für seine Bücher über die Berge.

Zeitlose Schönheit eines Chalets mit Loftcharakter

AUF DEN ERSTEN BLICK ist es nichts als ein traditionelles, geschmackvoll möbliertes Chalet, auf der nächsten Seite taucht dann aber ein – außerordentliches – Detail auf, das für den Rest den Maßstab setzt: ein Kamin unter einem Fenster. An der Stelle des Kaminmantels öffnet sich die Landschaft hinter einer Fensterscheibe. Zur gleichen Zeit von Feuer und Wasser, Schnee und Glut träumen, so als stünden zu Mittag Mond und Sonne gemeinsam am Himmel …

Die ganze Architektur wird von dieser Poesie getragen. Ursprünglich war es ein kleines, traditionelles, finsteres Chalet. Es vergrößern und durch viele große Fenster Licht hereinlassen, ohne dabei seinen savoyischen Stil zu zerstören, so lauteten die Vorgaben. Die Gestaltung des Innenraums im Geiste eines Lofts – ohne Wände, die die Sonnenstrahlen aufhalten könnten –entspringt also dem Wunsch, die Sonne den ganzen Tag lang durch das Haus wandern zu lassen.

Daraus ergibt sich eine überraschende Kombination zwischen traditioneller Außenhülle und hypermodernem Inneren. Diese Kombination wird wie in der Musik zum kontrapunktischen Thema der Innenarchitektur. Sicherlich, das Mischen von Alt und Neu wird oft und seit langem praktiziert, aber hier führt es nicht zu den bekannten Effekten. Vielmehr zu einer Melodie für die Augen und einem Gedicht zum Angreifen.

In der Küche schaffen Schwarz und Weiß nicht harte Kontraste, sondern eine warme Atmosphäre.

An anderer Stelle gibt der Flanellstoff der beiden Fauteuils den Steinen einer Trockenmauer einen weichen Charakter. Und dann noch der rötliche Schimmer der Holzverkleidung, die ihre Glut im Grau der Möbel weiterglimmen lässt.

Der Schreibtisch fängt wie die übrige Einrichtung mit seinem hellen Farbton das Licht zwischen den dunklen Holzwänden ein.

Traditionelles Chalet oberhalb von Megève, vergrößert und innen mit vollkommen neu gestalteter Raumaufteilung. Entstanden im Teamwork aus Eigentümern, lokalen Baufirmen und Innenarchitekten.

Ecke zum Entspannen mit Blick sowohl auf die Landschaft draußen als auch auf die Küche; die gedeckten Farben der Möbel leiten sich von den Steinen der Region ab.

Kamin unter dem Fenster eines großen Wohnzimmers mit Mezzanin;
die vielen Fensterflächen hellen die dunkle Wandtäfelung aus sandgestrahlter, zigarrenfarbiger Jurapinie auf.

Der nach allen Seiten hin
offene Essbereich
besitzt „Loftcharakter".

Großküche für eine Großfamilie: Das gemütliche Ambiente alten Stils mit Brennholzablage steht eigentlich im Widerspruch zum sehr modernen Schwarzweißdesign.

Zwei Atmosphären in einem Raum: Schlafzimmer aus Holz wie aus einer alten Traumwelt, aber in heutiger Formensprache.

Noch einmal das sinnliche Spiel mit den Farben: sehr blasses, mattes Grau neben ganz intensiv glänzendem Weiß.

Wie eine Filmkulisse aus der Goldlöckchen-Geschichte

KINDER UND GROSSE TRÄUMER lassen sich von der Vernunft nicht zügeln. Sie übertreiben, was sie lieben. Da spielt es kaum eine Rolle, dass das Rustikale der aufeinander liegenden Rundstämme – nach Vorbild der rudimentärsten Isbas – durch die großen Fensterflächen verraten wird!

Wenn schon jemand Wert auf reale Fakten legt, dann soviel: Gegen das sibirische Klima mit Wintertemperaturen von minus fünfzig Grad gibt es nichts Besseres als Mauern aus massivem Holz. Holz isoliert so gut, dass es einen Unterschied von siebzig Grad Celsius zwischen der eisigen Kälte draußen und dem beheizten Innenraum halten kann. Bei den Rundhölzern, egal ob direkt von den Waldbewohnern geschlägerte Stämme oder aus der Steppe angelieferte Bohlen, bleiben die Isoliereigenschaften gleich. Aber um die wertvolle Wärme besser zu speichern, haben Isbas oder Chalets immer eine kompakte Form und nur wenige kleine Öffnungen.

Nun, dieses Goldlöckchen-Schloss hat nicht nur große Fensterflächen, sondern erstreckt sich auch noch in die Horizontale wie die Häuser in heißen Ländern. Natürlich ist in Belgien das Klima milder. Und dann ist ein Haus nicht nur eine „Maschine zum Wohnen". Es hat auch etwas von einem Traum. Überall herrscht hier Anachronismus, dieses Gesetz der Träume, auch drinnen mit den verschiedenen Gewölbeformen.

Das Prinzip des Gewölbes – der Stützbogen – ist eine technische

Aalter in Belgien (zwischen Brügge und Gand) – Chalet aus dem Jahr 1994 in modernem Wohnviertel.

Wie in den Isbas sind die Rundhölzer sichtbar; abgesehen vom Kamin überall nur massives Holz.

Auch Möbel, Geschirr und Stoffe passen zum Traum vom kleinen sagenumwobenen Haus mitten im Wald.

Überraschende Atmosphäre durch die Verbindung von der Intimität einer „Hütte“ mit den labyrinthartigen Zimmerfluchten eines Schlosses.

In Anlehnung an heutiges Interieur öffnet die Küche ihre „Fenster“ hin zu den anderen Räumen.

Notwendigkeit und kommt aus dem Steinbau. Die Römer, große Anhänger des Quadrats, verbargen die Stützbögen über den Öffnungen durch einen Balken, der bis zur Wölbung mit Steinen angefüllt wurde. Die Holzarchitektur gehorcht dem umgekehrten Prinzip des Gewölbes: Die tragenden Balken der Konstruktion sind horizontal. Aber das Gewölbe erinnert nun einmal an so viele Legenden, vom Höhleneingang bis zum Eingang in den Schlosssaal …

Goldlöckchens Haus: Die drei Bären sind schon da, fehlt nur noch Goldlöckchen selbst.

Der authentische Stil

Ein Haus mit einer Holzverschalung hat nicht unbedingt ein Holzskelett; und eine Trockenmauer kann auch eine Betonstruktur schmücken. Dieses jüngst erbaute Haus für Touristen, die in einem „klassisch-modernen" Chalet logieren wollen, entspricht nach außen hin ganz der traditionellen Walliser Architektur.

Bei seiner Inneneinrichtung war man auch sorgfältig um „klassische" Nachbildung bemüht.Mit der skrupulösen Sorgfalt eines Filmausstatters: ein alter Luster aus Hirschgeweih, ein Bauerntisch mit passender Eckbank, eine Durchreiche aus reinem Schiefer. Und wie bei jeder Kulisse, egal ob für Kino oder Theater, tragen die Balken rund um den Kamin oder den Eingang zum Wohnraum nichts. Sie tragen Bedeutung. Und produzieren Bilder.

Kleine Details brechen immer wieder diese museale Atmosphäre und geben einen „zeitgenössischen" Touch. Wie es auch im Leben vorkommt, sind wir hier bei einer Hausfrau, die sich plötzlich in ausgefallene Dinge oder in eine neue Dekoidee verliebt. So ist eines der Bäder mit bretonischen Kieselsteinen ausgelegt und Flößholz wurde zu rustikal-barocken Möbelstücken verarbeitet. Die Innendesignerin hatte noch andere charmant-kühne Ideen. Die einen raffinierter: Eine aufgebockte, alte Tür wird zur Konsole, zwei Kegeln aus einem alten Spiel werden in Lampen umgewandelt, die verbleibenden fungieren als Dekoobjekte. Die anderen Ideen sind eher spiritueller Natur: Da wird Flößholz mit Organdy verbunden, der alpine Stil durch Polster in Hahnentrittmuster mit englischem Tweed kombiniert und ein alter Clubsessel aus dem 19. Jahrhundert mit Rindsleder bezogen …

Chalet zum wochenweisen Mieten in einem berühmten Skiort im Schweizer Wallis mit einer von der belgischen Designerin Coralie Michiels gestalteten Inneneinrichtung.

Ausgefeilt rustikales Dekor: Balken und Bohlen heben sich von der Wand ab und bilden quasi einen Bilderrahmen um die Feuerstelle und im anderen Zimmer um die Landschaft.

Kleiner Spielsalon mit Blick auf die Gletscher

Speisezimmer mit altem Luster aus Hirschgeweih; hinter der Sitzbank unter dem Geschirrschrank die offene Durchreiche zur Küche mit Glasparavent.

Lokalkolorit: ein mit Rindsleder bezogener Clubsessel aus dem 19. Jahrhundert und Stores aus Leinenstoff.

Küche mit Arbeitsfläche und Durchreiche aus reinem Schiefer.

Flößholz aus dem Meer für ein rustikal wirkendes Bett, das einen in Organdy versinken lässt.

Mosaik als Badewannenumrandung und Holzmöbel nach dem Entwurf der Designerin.

Schwarzer Monolith inmitten grüner Weiden

IST DAS ETWA DER „ARCHITEKTONISCHE WURF“ von jemandem, der ein Gebäude vor allem unter dem künstlerischen Aspekt sieht? Ein Haus wie eine Skulptur auf ihrem Sockel und mit dem ästhetischen Grundsatz, sich der Landschaft und ihrer Geschichte zu verweigern.

Nein, das ist es nicht. Dieser erst jüngst erbaute, schwarze Monolith gehört mit Leib und Seele zur Geschichte der Region und ihren von alten Holzhäusern geprägten Landschaften. Denn wir befinden uns im Herzen von Vorarlberg, jener österreichischen Gegend, in der die Holzarchitektur auf Initiative von Architekten, die von der Beton- und Stahlästhetik inspiriert waren, in den 1960er Jahren ihren Aufschwung nahm. Der massive, rohe, unmittelbare Baukörper ist ein Erbe dieser Tradition.

Die Bewohner der Region sehen in ihm keinen Fremdkörper, keinen Bruch mit den traditionellen Holzhäusern. Vielmehr haben sie es nie so gesehen. „Wir machten Architektur, die vom Handwerk kam, und nicht künstlerische, in Forschungslabors ausgetüftelte Architektur. So war es möglich, an die Tradition anzuknüpfen, ohne die modernen Lebensstile zu verleugnen“, erklärte einer der Initiatoren, heute Professor für Architektur in Wien.

Was diesen Monolithen betrifft, ist er subtiler, als es auf den ersten Blick erscheint. Aus der Nähe betrachtet, entsteht durch das Fehlen einer Symmetrie und durch die unregelmäßige Anordnung der Fassadenöffnungen eine ungewohnte Dynamik. Wie bei einem Mondrian.

Im Inneren dann der völlige Kontrast: Der schwarze, verschlossene Block ist ein offenes und lichtdurchflutetes Loft.

Dalaas in Vorarlberg – Das Holzhaus eines Lehrerpaars und ihrer studierenden Tochter; Architekten: Gohm & Hiessberger; Baujahr: 2005.

Auf tausend Meter Seehöhe in der Nähe eines kleinen Dorfes mit traditionellen Häusern.

Die Holzstruktur ist mit schwarzen Kunstharzplatten verkleidet.

Zweimal der Blick auf den loftartigen Küchen-/Ess- und Wohnbereich: Akzente in Schwarz und Weiß in Kombination mit warmen Holztönen.

Transparente Treppe mit Durchblick zum Himmel und zur großen Dachterrasse.

In jeder Hinsicht ein Kunstwerk

Dieses erste Bild zeigt nichts als ein Chalet in typisch savoyischer Bauweise: ein Fundament aus Stein, die oberen Stockwerke aus Holz und ein Balkon mit einem alten, traditionell geschnitzten Geländer. In Wirklichkeit ist es ein Wunder.

Ein Kunstwerk im technischen Sinne, denn seine Lage auf einer felsigen Bergspitze ist atemberaubend. Eine der Fassaden ist die Verlängerung eines achtzig Meter hohen Steilhangs. Erreichen kann man es nur durch einen in den Fels gehauenen Straßentunnel, der in Serpentinen ansteigt.

Und auch ein architektonisches Meisterwerk, denn dieses Chalet klettert vier Stockwerke hoch den Felsen hinauf, der an manchen Stellen wie eine Wurzel die Wand eines Zimmers durchdringt.

Die Inneneinrichtung erweist der savoyischen Kunst alle Ehre. Egal ob es sich um Balken, Tischlerarbeiten, Parkettböden, Holzarbeiten oder um die Möbel handelt, jedes kleinste Stück Holz ist mehrere Jahrhunderte alt. Und doch macht nichts aus diesem Haus eine historische Kopie. Mit seinen großen Fensterflächen in den oberen Stockwerken ist es Teil unserer heutigen Welt. Und für die Freuden des Alltags wartet es durchaus mit modernen Einrichtungen auf: ein Hallenbad, eine Sauna nach schwedischem Vorbild, Designermöbel für die Behaglichkeit oder erstaunliche Lederfarben, eine außergewöhnliche elektronische Ausstattung – das Glück der großen Musikliebhaber.

Chalet in Isère im Herzen einer unzugänglichen Landschaft – Architekt: Michel Covarel; Baujahr: 2002.

Historische Schönheiten und zeitgenössischer Komfort (auf dem Fensterbrett des kleinen Salons steht eine Madonnenfigur mit Kind zwischen zwei Bergschuhen).

Adlerhorst auf einer achtzig Meter hohen Felswand.

Designerstühle in einem ungewöhnlichen Blau in einem Speisezimmer für sechzehn oder, durch seine Ecke mit Sitzbank, für zwei.

Historische Atmosphäre im Haus und wie die Handwerker mit Leidenschaft für jedes alte Stück Holz den richtigen Platz finden.

TYLO

Moderne Seite mit der Sauna …

Zimmer mit unterschiedlicher Atmosphäre, mal abgeschottetes Nest, mal Horst mit Öffnungen zum Steilhang.

Die starke Wirkung von Holz in moderner Geometrie

ALS GANZES BETRACHTET wirkt das Haus sehr simpel: ein Quader mit einem Satteldach, fast wie ein Schuppen. Im Norden ragt eine lange Betonfassade auf beiden Seiten über den eigentlichen Bau hinaus. Fast ohne Öffnungen bietet sie Schutz vor der Straße und sorgt für die Intimität des Hauses. Auch auf der südlichen Gartenseite findet sich die gleiche offensichtliche Einfachheit der Holzskelettkonstruktion. Das Raffinierte an diesem in mehreren Ebenen dem Grundstückhang folgenden Haus erschließt sich erst nach und nach.

Zuerst fällt der Rhythmus der Südfassade auf, der aus drei Durakkorden entsteht: aus dem Kontrast zwischen dem rechtwinkeligen Holzraster und den schrägstehenden Pfosten, die den Sonnenschutz aus perforiertem, gewölbtem Blech tragen sowie dem Kontrast zwischen dem Rotton der Zeder und der Elfenbeinfarbe des Terrassenbodens aus Ipê, der direkt an den Rasen anschließt, und jenem zwischen der Höhe des bis zum Dach offenen Eingangsbereichs und der horizontal ausgerichteten Fensterflächen im Erdgeschoss.

Auch im Inneren dominiert die Geometrie. Aus dem Wohnzimmer macht sie einen hohen, weiten Raum und aus einem Gang eine überstehende Galerie. Diese Ästhetik und die Raumaufteilung erklären sich aus der Hanglage der Parzelle. Man betritt das Haus von Norden und von oben, von dort gelangt man zu den inneren Erschließungsgängen. Durch ihre formale Klarheit findet man leicht zu den unteren Räumen und zu den Zimmern, die sich auf der mittleren Ebene einfügen.

Andere raffinierte Einfälle: Der durchgefärbte Estrich des Wohnzimmerbodens zum Beispiel hat rundherum eine edle Mahagonieinfassung,

Gartenseitige Fassade eines Hauses in einer Gemeinde bei Grenoble – Architektin: Rebecca Plisson; Baujahr: 2000.

unter der die Elektroleitungen mit einem unsichtbaren Zugang – im Abstand von jeweils achtzig Zentimetern – zu den Steckdosen liegen …

Die Geschichte dieses markant-modernen Hauses ist erbaulich. Ein Paar mit nicht unbegrenztem Budget kauft auf einem kleinen Grundstück ein Haus aus den 1950er Jahren und will es renovieren. Eine junge Architektin präsentiert ihnen ein Projekt, das ihren Wünschen wunderbar entspricht, und ist so kühn, ihnen von seiner Realisierung abzuraten. Es braucht eben Zeit, bis man das, was man gerade gekauft hat, niederreißt …

Raffinierte Ideen: ein durchgefärbter, gewachster und mit Mahagoni eingefasster Estrich; ein Kamin zwischen zwei Ausblicken in den Garten; und (hier nicht sichtbar) ein paar Mahagonistufen, die hinter der Couch zum Büro führen.

Stegartiger Gang, offen nach unten zum Wohnzimmer und links zum Freizeitbereich (Bibliothek, Spiele, TV); er endet an der Tür zu einer kleinen Seitenterrasse …

Das Ineinandergreifen der Ebenen.

Auf dem Land, im Wald

MAN GLAUBT, DASS DIE WIESE DIESES HAUS ERSCHAFFT…
und denkt an das Gedicht *Die Beschaffenheit der Wiese*[4] von Francis Ponge:

[…] Warum nur scheint uns von hier aus gesehen dies' begrenzte Stück Raum,
herausgeputzt zwischen vier Felsen oder vier Hagedornhecken,
kaum größer als ein Taschentuch,
Moräne der Wälder, die sich ergießt aus feindlichem Gefilde,
diese Wiese, freundliche Fläche, Aureole der Quellen,
und süße Folge des anfänglichen Gewitters,
den Regen rufend und gleichzeitig anonyme Antwort,
warum nur erscheint sie uns plötzlich wertvoller
als der dünnste Perserteppich?

Aber was genau die Wiese erschafft – haben die Architekturtheoretiker das je im Detail untersucht? Sie wissen, wie das Licht auf den Baukörper fällt, ob eine Landschaft mit einem Gebäude harmonieren will oder nicht. Aber was das bisschen Gras rund herum, egal ob wild wuchernd oder gepflegt, betrifft, …

Und doch ändert das Gras einer Landschaft die Oberflächenstruktur eines Hauses. In einer Gegend mit verbranntem, von Juli an gelbrotem Gras wird das Holz einer Villa in Pézenas kalkig und das große, wellenförmige Dach hart. Betrachtet man hingegen das rote Haus in der südlichen Normandie als Teil seiner Umgebung, ist es umgekehrt. Das weiche Gras der Wiese mildert die Strenge der Baukörper und die Intensität seiner auffallenden Farbe. In einer anderen Landschaft, wie in Vorarlberg, legt das Gras, sofern es nicht unter der Zunge der Kühe kurz und hart geworden ist und die Wiese sich den Berghang hinunterzieht, den „Felsen" im Holz eines Hauses frei.

Wobei auch von Musik die Rede ist.

„Die Hand eines Meisters belebt das Cembalo der Wiesen …" schrieb Arthur Rimbaud. Einige Dichter später griff Francis Ponge am 12. Oktober 1960 den Gedanken wieder auf: „Warum ist das richtig? Weil die Wiese tatsächlich wie ein Cembalo klingt, im Gegensatz zu den Orgeln des nahen Waldes (und der Felsen) und der unaufhörlichen Melodie, dem Bogenstrich des Baches (oder des Wassers)."

Während der eine die musikalische Metapher des anderen weiter ausführt, hört der Leser das Schnaufen der großen Bäume. Aber er hat auch Augen. Und vor diesen ziehen die Bilder vorüber, in denen der Wald als Kathedrale und seine Stämme als Orgelpfeifen gesehen werden. Die Holzarchitektur, auch die moderne, trägt dieses Bild in sich. So wachsen die neuen „Hütten" aus Holz, die Wochenendhäuser in den Wäldern der

Vereinigten Staaten, entsprechend dem Bild dieser sie umgebenden Kirchenschiffe und Orgelpfeifen in die Höhe.

Das ist, was mich beim Schreiben dieses Buches am meisten berührt: Architektur funktioniert wie ein Echoraum, der die Poesie und die Musik und unsere ältesten Bilder reflektiert. Und wenig reicht aus, um nichts zu hören oder zu sehen. Ich erinnere mich an ein Haus, das ich langweilig fand – es war perfekt, sonst nichts; nichts war da, das einen stutzig machte. Da habe ich keine Lust, über ein Haus zu „erzählen" … bis mir die Fantasie den Schlüssel in die Hand legt, den der Architekt bei der Planung hineingesteckt hat.

Und dann gibt es Häuser, die man niemals ganz durchschauen wird. Ich denke dabei an das Baumhaus in Brasilien auf der folgenden Seite. Das Thema ist so reizvoll, die Erinnerung so reich an archaischen Bildern, dass das Auge zuerst gegen all diese Dreiecke rebelliert. Zu scharfkantig sind sie, zu mechanisch und zu systematisch. Andere Architekten bauen heute auch Holzhäuser in die Bäume. Ohne aggressive Geometrie setzen sie mit ihrer organischeren Form, die eher an eine Nussschale erinnert, gleich die Traummaschinerie in Gang anstatt sie so wie dieses brasilianische Haus abrupt abzustellen.

Aber dann sollte man sich daran erinnern, dass unsere Einbildung auch ein alter, staubiger Hort voller Vorurteile ist. Etwas Wasser ins Gesicht und schon habe ich die Flugfahrräder, Pedalfallschirme, die ersten Doppeldecker und die ganze Architektur aus Segeltuch und Balsaholz im Luftfahrtmuseum von Le Bourget bei Paris mit neuen Augen gesehen. Eine fabelhafte Ästhetik mit noch etwas dürftigen technischen Ergebnissen … na und, wenn eine viel avanciertere Technik zur gleichen aeronautischen Schönheit führt, warum soll man dann schimpfen? Wahrscheinlich, weil man sich unbehaglich fühlt angesichts der leeren, großen, an Empfangshallen erinnernden Zimmer. Und doch zeigen die Raumpläne, dass es sich dort – theoretisch – angenehm leben lässt … Ich lasse die Frage offen, denn weiter hinten werden Sie ein anderes Haus vom gleichen Architekten kennenlernen.

Ein Haus in den Bäumen oder hoch lebe das Dreieck

DAS GROSSE SPIEL AUS KINDERTAGEN und der Rousseau'sche Mythos von der guten Natur werden immer wieder Robinsons, Barone auf den Bäumen und glanzvolle Architektenträume inspirieren. Aber die Realität, die aus den Träumen fällt, landet manchmal unsanft auf dem Boden: Weit und breit ist hier kein Dschungel. Diese „Hütte" nahe der Straße wurde in einem Wald hundertfünfzig Meter vom Strand entfernt gebaut.
Nichtsdestotrotz, sie will ein Baum sein unter Bäumen und reckt ihr abstraktes Laubwerk siebzig Meter über Meeresniveau in die Höhe.
Der Bau – eine dreieckige Skelettkonstruktion, die sich von drei achteckigen Pfeilern zu einem achteckigen Netz ausbreitet, eine Verbindung aus vorgefertigten Platten, Drahtseilen und Spannelementen für die Triangulation – wurde in nur vier Monaten von vier Professionisten errichtet.
Aber hinter dem Anschein einer Hütte herrscht hier aus einem anderen Blickwinkel die Weite eines sehr noblen Zweitwohnsitzes. Der „Ballonkorb" mit seinem ganz schmalen Steg und das Geschoss darüber sind dem Personal vorbehalten. Ein zweiter, größerer Steg führt zur Hauptetage mit ihren drei, an den drei Fassaden vorspringenden Balkonen für die drei Lebensbereiche: Wohnen, Essen und Kochen, die in den drei Winkeln des Baus liegen. Ganz oben sind unter dem zweiten Dach nach dem gleichen räumlichen Prinzip drei achteckige Zimmer mit drei Badezimmern untergebracht.
Am wunderbarsten ist der Korb unter dem Bauch des Hauses. So als würde man in einen Ballon klettern – aber in einen dreieckigen und „pagodisierten" Ballon, der von seinen Seilen für immer am Boden festgehalten wird.

Haus in den Bäumen in Tijucopava, Guaraja, Brasilien – Architekt: Marcos Acayaba; Baujahr: 1997.

Ein dreieckiger Baukörper mit sechseckigem Balkensystem und zentraler Treppe, die abstrakte Version eines Baumstamms mit seinen Ästen.

Küche, Speisezimmer und Wohnzimmer liegen in den drei Winkeln dieses riesigen Raums mit drei großen Balkonen.

Pfeiler wie Baumstämme unter Baumstämmen, Balken wie starke Äste.

Rote Eleganz und tiefes Wohlbehagen

Man glaubt, dass dieses Haus seit langem zu dieser Wiese in der südlichen Normandie gehört mit seinem simplen, einem Schuppen ähnlichen Baukörper, auch wenn die Komposition aus weißen Winkelprofilen auf rotem Lärchenholz von der englischen Neugotik inspiriert ist.

Wenn man um das Haus herumgeht und dann sein Inneres erkundet, verwirrt es noch mehr, denn es ist sowohl im Heute verankert als auch in der Sehnsucht nach einer Zeit, in der sich das Karussell der Jahreszeiten langsamer drehte und die Pferde länger rasten konnten.

An der Hauptfassade erinnert ein überdachter Eingangsbereich mit Säulen, die den vorstehenden ersten Stock tragen, an die traditionelle Architektur Nordamerikas. Aber dieses Zitat fügt sich ein in eine modernere Architektursprache. Ebenfalls im ersten Stock sind die beiden Kanten der Giebelmauer durch schräggestellte Mauern mit Balkontüren und kleinen, davorgesetzten Balkonen unterbrochen.

Als Werk und Eigentum eines leidenschaftlichen Liebhabers von Holzbauten und Schiffen wartet das Hausinnere mit wunderbaren Schreinerarbeiten auf. Da gibt es eine Treppe mit leichter Krümmung, deren gebogenes

Haus bei Verneuil-sur-Avre in der Perche, Normandie – Architekt und Baufirma: Jérôme Darblay und seine Firma Darblay & Wood; Baujahr: 1997.

Zimmer für ein kindliches Crew-Mitglied mit Leiter zum Kabinenbett.

Einst und jüngst mit Hund Twist … und heute, der ultramoderne Korbsessel unter dem Bullauge.

Geländer sich spiralförmig um eine leere Achse dreht. Oder einen Wohnraum unter einer extrem hohen, vom Schiffsbau inspirierten Balkenkonstruktion.

Die Möblierung mit Referenzen an die angelsächsische Welt, etwa der Sofabezug im Schottenmuster, erzählt von der besonderen Sehnsucht nach der „wiedergefundenen" Zeit, so wie sie das Ende von Prousts „Suche nach der verlorenen Zeit" prägt …

Kurz ist auch die Verbindung zu einer anderen Geschichte, zu einem anderen, am Wasser gelegenen Haus, jenem von Seite 46 …

Speise- und Wohnzimmer, in denen sich Heute und Gestern vermischen.

Das gebogene Treppengeländer dreht sich unter hohen Schiffsbalken um eine Hohlachse.

Cabin made in USA

SEINE GRUNDFORM LÄSST ES WIE EINE HÜTTE, seine Maße wie eine Kathedrale wirken, und ein Detail verrät sofort den Ästheten: ein rundes Schwimmbecken, eine Zisterne mit tiefem Wasser, eingelassen in einem hohen Podest, das etwas von einer Anlegestelle hat. Auf der anderen Seite wird die Kathedrale dann zum Ozeandampfer.

Der amerikanische Ausdruck Cabin bedeutet, dass diese großen Holzhäuser im Wald nur Wochenendhäuser sind. Nun, als erster Luxus eines Ästheten wurde dieses sechs Meter hohe Schwimmbecken, das an ein Wasserschloss erinnert und für das Vergnügen geplant wurde, Aug in Aug mit den Baumkronen zu schwimmen, tatsächlich aus dem Holz eines alten Wasserschlosses gebaut.

Leidenschaft für die Perfektion bei Formen und Materialien prägt das ganze Haus. Das natürlich unverrottbare Western-Red-Cedar-Holz wurde vor der Weiterverarbeitung zuerst getrocknet, um ihm jegliche Feuchtigkeit zu entziehen. Die Dachelemente sind mit Kupfernähten verbunden, das riesige Zimmer im Erdgeschoss mit Chinesischem Schiefer ausgelegt …

„Hütte“ mitten im Wald, ja, in dem Sinn, dass es aus einem einzigen Zimmer besteht … Denn in ein gewaltiges Loft ragt auf Mezzaninhöhe ein offenes Zimmer hinein, das selbst die Ausmaße eines Künstlerateliers hat.

Eine Hütte, aber mit einem Spa unter der Terrasse …

Holzhaus in Sonoma County bei San Francisco – Architekt, Designer und Besitzer: Olle Lundberg.

Gemüsegarten hinter dem Haus, in dem die Hausfrau verschiedene Gemüsesorten und Tomaten zieht.

Anlegestelle im hohen Wald und Blick auf das wogende Blättermeer.

Holztrage nach dem Design des Architekten.

Ein Schwimmbecken als Wasserschloss, um in Höhe der Baumkronen zu schwimmen.

Holzschuppen und Pergola des Gemüsegartens.

Über dem Esstisch ragt ein loftartiger sechzig Quadratmeter großer Raum in den Wohnraum.

Kücheninsel in rotem Holz mit ihrer Ausstattung aus gebürstetem Metall.

Auf dem Boden überall Chinesischer Schiefer.
Brennholzablage im Wohnzimmer nach dem Design des Architekten.

Das Ökosystem des Hügelhauses

ES IST EIN HAUS, DAS SICH LIEBEVOLL in die Landschaft schmiegt. Sein bepflanztes Dach hat die Wellenform eines Hügels. Das Gras auf dem Dach, sonnenverbrannt wie überall im Süden, absorbiert den Gewitterregen oder lässt einen Teil davon verdampfen, der Rest fließt in einen Brunnen. So fällt das Regenwasser nicht in den Abfluss.

Das Haus, ein Holzskelettbau, steigt stufenförmig an, nach dem Vorbild der provençalischen „restanques", dieser niedrigen Steinmauern, die Stufe um Stufe den Abhang sichern. Das außen eingesetzte Holz, Western Red Cedar und Ipê, ist hinter den Blättern von Oliven- und Mandelbäumen kaum zu sehen. Nichts wurde am ursprünglichen Zustand des Baugrunds verändert, kein Baum geschlägert, keine „restanque" zerstört, zwischen Schilf und Lavendel erhebt sich das Haus.

Villa in Pézenas im französischen Département Hérault – Entwurf, Bau und Eigentum: Didier Ducroq.

Drinnen wird man von Wasser geblendet. Ein höchst ungewöhnlicher Raum zum Wohnen, Essen und Schwimmen macht aus dem Haus ein riesiges Aquarium. Kostspielig muss das sein, denkt man, doch das Ganze wird von einem Energiesparsystem gesteuert. Sonnenkollektoren erwärmen das Wasser im Becken und wärmegedämmte Fenster sorgen für warme Luft im Winter. Feuchtigkeit oder Schimmelbefall könnten Probleme bereiten, doch Holz hat die wunderbare Eigenschaft, den Feuchtigkeitsgehalt in der Luft zu regulieren. Im Schwimmbad spielt jede Holzart ihre Rolle – Badi im Becken, Ipê am Boden, Oregon Pine an den Wänden und Lärche an der Decke.

Ein Bau, der die natürliche Landschaft nicht berühren sollte, weder ihre Morphologie noch ihre Vegetation.

*Der obere Teil der Wohn-Schwimmhalle,
fünf Meter über dem Boden
am höchsten Punkt der Krümmung
und ein kleiner Innenhof, der rund
um einen Olivenbaum gebaut wurde.*

Kleiner Teil des Wohn-/Essraums mit Blick auf das Schwimmbad.

Offener Küchenbereich im hinteren Teil des Wohn-/Essraums.

Schwimmbad unter dem wellenförmigen Dach, seine Glasflächen und hinter dem Pflanzenvorhang der Whirlpool.

Der Beruf des Besitzers, der mit Holz und seinen Nachhaltigkeitskriterien für die Umwelt zu tun hat, macht diese Wahl verständlich. Energiesparmöglichkeiten werden bis ins kleinste Detail ausgenützt. Zum Beispiel schließt an die Küche ein Vorratsraum, in dem die Schränke in den Boden eingegraben sind, damit die Lebensmittel, wenn möglich, nicht nur durch elektrischen Strom frisch gehalten werden.

Der Luxus der Grille und die Tugend der Ameise …

Ein transparenter Kokon aus fließendem Licht

Haus zwischen den Bäumen in Talloires bei Annecy – Architekt: Pierre Rieussec. Eingang an der Waldseite; auskragende Terrasse an der Hangseite.

MAN SIEHT ES NICHT GLEICH. Man sieht nur einen Kubus mit einem pyramidenförmigen Dach, einen Eingang unter einem Vordach und eine auskragende Terrasse. Nicht mehr. Ansonsten weiß man, dass die Beschaffenheit des Baugrunds Kopfzerbrechen bereitete und dass die großen Annehmlichkeiten, die die zeitgenössische Architektur möglich macht, manchmal den Augen des Passanten verborgen bleiben.

Wie sollte man auch erraten, dass das pyramidenförmige Dach in einer kleinen Glaspyramide zusammenläuft, deren Facetten wie bei einem Edelstein das Licht im ganzen Haus zum Glitzern bringen?

Im Inneren ist es, wie wenn es keinen Innenraum gäbe. Wie wenn man unter einem Glasdach wohnen und sein ganzes Leben in den Bäumen verbringen würde. Im Erdgeschoss öffnen sich zwei verglaste Boxen, auf der einen Seite die Küche, auf der anderen das Büro, zu einem weiten Raum ohne Trennwände; nur die Anordnung der Möbel – ein Tisch, Sofas, ein Konzertflügel – definiert die verschiedenen Orte des täglichen Lebens.

Der wunderbarste Widerspruch: in einem hüllenlosen Kokon leben.

Für ein Essen in der Sonne mit Blick auf die kleine Straße, die benachbarten Häuser und das weite Land.

Detail der auskragenden Terrasse wie die Reling eines Schiffsdecks.

Durch das pyramidenförmige Oberlicht flutet Licht in das Haus, und über die großen Fensterflächen strömt die Natur herein.

Badezimmer mit zwei Facetten: Holz und Stein.

Das Licht strömt die Treppen herunter und besprenkelt die Mauern.

Kinderzimmer im ersten Stock und eine Küche im Erdgeschoss in Form einer verglasten Box, die sich zu einem großen Wohn-/Essraum hin öffnet.

Der Traum von Afrika

EINE PRÄCHTIGE INTERPRETATION VON PFAHLBAU UND ZELT mit allen Ingredienzen für die ideale Reise: ein kleines Flugzeug, das auf der „staubigen" Piste aufsetzt, Fortsetzung der Reise im Mokoro – dem hölzernen Einbaum der Fischer im Flussdelta –, bevorzugt zur ausgesuchten Uhrzeit, wenn alle Wildtiere trinken kommen.

Bei der Ankunft geht der Zauber weiter. Diese vollkommen offene Lodge in frischer Luft, im Zentrum eines Camps gelegen, hat unter ihrem Palmendach einen Salon mit Parkett aus Rosenholz. Aus Rosenholz sind auch die vom Architekten entworfenen Möbel, die neben balinesischen Sofas und afrikanischen Objekten stehen.

Und wenn der Reisende auf einem der acht wunderbaren, auf Pfählen gebauten Stege oberhalb der Vegetation durch den Wald weitergeht, entdeckt er seine private Lodge. Diese Lodges mit ihren offenen Wänden in Richtung Flussdelta so wie der große Salon, sind Zimmer aus Rosenholz mit Palmendächern und kolonialer Einrichtung – mit Fliegennetzen aus Leinengaze und Deckenventilator. Zwei Details machen sie außergewöhnlich. Das erste ist ein ästhetisches: Die innen weiß und außen schwarz lackierte Badewanne und die Waschschüssel aus Ton auf einer Konsole mit den Wasserhähnen sind genauso in das Zimmer integriert wie das übrige Mobiliar, Bett oder Chaiselongue. Und das andere wunderbare Detail? Ein zweites Bett, ein Bett zum Relaxen, aber … ein Bett als Terrasse mit kleiner Balustrade und einem Dach in Richtung Prärie, ein Bett, auf dem man langsam und unbeweglich auf einem der Arme des Deltas schaukelt.

Und doch, die Welt ist klein: Ähnelt dieses architektonische Ensemble mit den so afrikanischen Farben bei genauerem Hinsehen doch dem wunderbaren Hardy House des Architekten Cy Kuan aus dem Jahr 2002.

Lodge Jao Camp in Botswana am Delta des Okawango – Architekt: Silvio Rech.

Die Promenierbrücken aus Holz, Verbindungsstege zwischen den Zimmern und dem Zentrum des Camps, und der Freiluftsalon, eine von der Boma, dem traditionellen, afrikanischen Kreis, inspirierte Rotunde.

Großer, vollkommen offener Salon über dem Fluss und sein Mobiliar, das Afrika mit Bali verbindet.

Zimmer im Kolonialstil mit integriertem Badezimmer und als Verlängerung davon eine Terrasse mit einem Bett zum Relaxen im Schatten des Palmendachs.

Bergen, Norwegen.

In der Stadt

ES IST VERFÜHRERISCH, in diesem alten Viertel von Bergen sofort die Antithese zum Leben in den modernen Betonwohnblöcken zu sehen. Allerdings ist diese Auslegung des Bildes auch gefährlich, denn der Wunsch, in eine alte Welt zurückzukehren, bedeutet immer auch ein wenig zu sterben. Für ihre Sünde, sich zurückzusehnen, für ihren Blick zurück in die Vergangenheit verwandelte Gott Loths Frau in eine Salzsäule. Die Grande Arche im Pariser Stadtteil La Defense hat auch ihre schönen Seiten.

Sie haben mit ihrer gewaltigen Überdimensionierung zu tun. Und weil uns ihre monolithische Geometrie einen Streich spielt – mal Quadrat, mal einfacher Kubus, mal Kubus mit abgeschrägten Flächen, wie ein Bild von Victor Vasarely. Auch die Grande Arche ist nicht ohne Poesie. Melancholie eines riesigen, leeren Bauchs, der weit vor ihm die ganze Vergangenheit – jene Achse vom Triumphbogen an der Place de l'Etoile zum Arc de triomphe du Carrousel – und hinter ihm eine unklare Zukunft gebiert. Ja, eine Skulptur für Riesen, die zum Metaphysischen neigen, denn dieser Kubus, ein Wunderwerk der Technik, wurde tatsächlich dafür geplant, dass sie ihn in ihren Händen drehen und wenden.

Das Problem dieses Architekturtyps liegt nicht in der Ästhetik, sondern in der Absurdität ihrer Funktionsweise. Wenn man nicht mehr Gulliver spielen will und nach dem Auftauchen aus den kafkaesken Parkplätzen wieder zum menschlichen Wesen auf dem Weg zur Arbeit wird, ist es einfach weniger gut als in den Science-Fiction-Filmen. Die Roboter haben gewonnen. Und wir müssen ihren Befehlen folgen. Mit dem vagen Gefühl, dass sie uns nicht wohlgesonnen sind. Da ist etwa die Inflation an Sicherheitssystemen, um die Mängel einer Architektur in den Griff zu bekommen, die vergessen hat, die Probleme und ihre Lösungen im Brandfall vorherzusehen. Die Grande Arche ist ein Sorgenkind der Feuerwehrleute, und das nicht erst seit dem 11. September. Aber dass es riskant ist, dort zu arbeiten, so wie einst unten in den Minen, soll hier nicht das Thema sein. Denn logisch: eine inflationäre Anzahl von Sicherheitssystemen garantiert die Sicherheit.

Immens ist auch der Energieverbrauch in einer so gewaltigen Konstruktion aus Glas, Beton und Stahl – Materialien, die für ihre nicht isolierenden Eigenschaften berühmt sind. Sicherlich hat die Klimatisierung mit ihrem auf ewig geltenden Verbot, ein Fenster zu öffnen, ihre Vorteile. Man atmet nicht mehr die Luftverschmutzung ein, hört nicht mehr den Motorenlärm. Auch nicht das Gurren der verfluchten Pariser Tauben, die sich wie Hubschrauber gebärden. Und den Menschen bei der Arbeit verhöhnen, weil sie ihn daran erinnern, dass es sich die anderen Tiere des Planeten gerade gut gehen lassen.

Zum Glück für das 21. Jahrhundert lieben die Architekten, denen das menschliche Leben am Herzen liegt, Holz. Lieben sein Atmen, seine Schönheit, die beständig ist, nicht rostet und sich nicht abnutzt, seine für das Auge tröstliche und das Empfinden beruhigende Behaglichkeit. Eine Illusion? Nein. Tests haben ergeben, dass die Aggressivität von Kindern in einem schulischen Umfeld aus Holz sinkt und dass sie es nicht beschmieren.

Die Städte die ich gesehn waren toll von Leben

Und erbrachen in der Nacht die Sonne der Tage …[5]

sagte Guillaume Apollinaire, ein großer Anhänger der Welt seiner Zeit. So wie er spüre ich wohl, dass die Welt unserer Tage genauso liebenswert ist wie die Vergangenheit. Warum sollten wir unsere Monster, wie die Grande Arche oder andere, abberufen? Die Geschichte schafft neben ihnen zur gleichen Zeit Meisterwerke. Sie haben den gleichen Ursprung. Und „Chaos-Städte" wie Marseille oder Sankt Petersburg, wo auf Teufel komm raus Gegenwart und Vergangenheit vermischt werden, schäbige Bauten neben prachtvollen Gebäuden stehen, düstere Verstädterung und strahlende Architektur passiert, haben diese organische Vitalität, die den Tod herausfordert. Umgekehrt hat das unbedingte „authentische" Wiederaufbauen, „das den historischen Charakter eines Stadtkerns bewahrt", etwas Beunruhigendes. Der Charme dieser musealen Städte, in denen nur kleine In-Boutiquen und kleine lebendige Märkte überleben, ist unwiderstehlich, ich weiß. Aber sie gehören nicht mehr zur Welt von uns allen. Ohne architektonische Innovation und ohne soziale Mischung wird ihr Zauber Gift. Immer wenn es sich auf die Vergangenheit zurückzieht, schwindet das Leben. Jene Architekten, die unentwegt für neue Formen kämpfen, wissen das.

Ein schönes Beispiel dafür findet sich auf Seite 193. Dieses Holzhaus in Stavanger, das so ganz den Rahmen der historischen Altstadt sprengt, war vor seiner Realisierung das Objekt hitzigster Debatten. Sie dauerten drei Jahre, gaben Anlass zu rund hundert Zeitungsartikeln und einer ausführlichen Korrespondenz mit den Lesern … Und genau das ist das Faszinierende. Die neue Holzarchitektur in den Städten, auch in Paris, entsteht nicht aus historischer Nostalgie heraus, in neugotischem oder neuviktorianischem Stil. Sie steht für eine neue Welt.

Am Ende bist du müde dieser veralteten Welt[6]

hieß es im ersten Vers von Apollinaires Gedicht „Zone" im jungen 20. Jahrhundert …

Holz mit Pariser Chic im 6. Arrondissement

2004 IST ES NICHT MEHR UNGEWÖHNLICH, die Schönheit alter Balken für Wohnzwecke zu nützen. Auf dem Land werden die alten Häuser in diesem Stil renoviert. Angesichts der betont nüchternen Einrichtung passt er genau zur angesagten Mode. Zu einer vorhersehbaren Ästhetik aus dem Gegensatz zwischen der bewussten Strenge ausgesuchter Möbelstücke ohne Leben und dem rustikalen Durcheinander dicker, grober Balken.

Trotzdem gibt es hier etwas Außergewöhnliches, eine wunderbare Idee, die uns in den Bauch des Wals führt, zu Pinocchio auf der Suche nach Geppetto. Vor dem Hintergrund, dass die Holzbalken alter, großer Häusern immer schon an umgedrehte Schiffsrümpfe erinnerten, versahen die Architekten die Decken mit einer Holzlattenverschalung, bei der das Holz so bearbeitet wurde, als würde sich eine Welle auf dem Wasser fortpflanzen.

Eine tiefgründige Poesie entsteht daraus, die Wandlung von Holz in Wasser, vom Festen ins Fließende, vom Himmelszelt in einen flüssigen Kristall. Und diese Wellen aus Holz, subtil wie das zarte Kräuseln eines ruhigen Flusswassers, geben einem das Gefühl, ein in der Strömung treibender Fisch zu sein … Kein Möbelstück, kein überflüssiger Gegenstand behindert das Träumen. Die Schmucklosigkeit, die auf den ersten Blick so bekannt zu sein schien, nimmt teil an diesem Wassergedicht aus Holz.

Maisonnettewohnung in der Rue de Savoie in Paris – Architekten: Littow; Baujahr: 2004.

Wohnzimmer im ersten Stock mit Holzlattenverschalung an der Decke, die wie kleine Wellen auf der Wasseroberfläche wirkt.

Anderer Blick auf das lichtdurchflutete Wohnzimmer.

In ein großes Möbelstück eingebauter Küchenbereich auf der anderen Seite der lichtdurchlässigen Balkenreihe.

Schlafzimmer unter den traditionellen Dachbalken in Form eines umgedrehten Schiffes.

Bereich zum Entspannen mit Stores und Chaiselongues, die das Thema der Latten und des Lichts am Wasser aufnehmen.

Detail der Holzarbeiten in der Küche.

Das schönste Beispiel für wirtschaftliches Bauen mit Holz in São Paolo

ALLES BEGINNT MIT EINEM GRUNDSTÜCK, das nichts wert ist – einem steil abfallenden, quasi unbebaubaren Hang über der Stadt São Paolo. Während die Priorität des Hauses in der modernen Ästhetik zu liegen scheint, richtet sich die Form der Baukörper vor allem nach den Besonderheiten des Baugrunds. Auf sechs im Hang verankerten Pfosten steigen sie vertikal nach oben. Auf den Pfosten ruht eine Skelettkonstruktion, die in erster Linie als Gerüst diente, an das in fünfundvierzig Tagen nur drei Arbeiter alle vorgefertigten Elemente des Baus montierten. Der günstige Grund und die kurze Bauzeit sorgten dafür, dass die Kosten im Vergleich zum traditionellen Hausbau beträchtlich gesenkt werden konnten.

Genau das wollte sein Besitzer, ein Holzingenieur, gemeinsam mit dem Architekten Marcos Acayaba beweisen.

Und das Ergebnis? Auf den ersten Blick eher ungewöhnlich als einladend. Das Haus ähnelt einem T, einem Galgen, wobei das vierte Geschoss weit über die drei anderen auskragt. Nur über diese oberste Etage gelangt man zum Gipfel des Steilfelsens und zu den inneren Erschließungswegen, so dass in unserer Einbildung, in der die Schlafzimmer im Haus oben liegen, fern vom Kommen und Gehen, alles in Unordnung gerät.

In der Tat, das Haus steht „auf dem Kopf". Ganz oben, auf festem Grund liegen das Schwimmbecken, die Terrasse und die Garage sowie der

São Paolo, Brasilien – Architekt: Marcos Acayaba; Ingenieur: Helio Olga; Baujahr: Juli 1991.

Eingangssteg, der zum Speisezimmer, dem Büro und einem Wohnzimmer mit Panoramablick über die riesige Stadt führt. Ebenfalls oben befinden sich Küche, Vorratsraum und Waschküche. Dann steigt man von einem Stock zum nächsten zu den Zimmern mit ihren Badezimmern hinunter, bis man beim fünften ganz unten angelangt ist. Als würde man in einem surrealistischen Gedicht zum Speicher hinabsteigen.

Und dann wirkt der Zauber von Holz. Seine Behaglichkeit befreit unsere Sinne von ihren Gewohnheiten. Man stellt sich den köstlichen Taumel vor, mit dem man, fest ins Wohnzimmersofa gekuschelt, das außergewöhnliche Panorama genießt. Die gleichen starken Gefühle wie im Kino, weit genug entfernt von der Gefahr. Und dann, nach und nach, werden die Träume ruhiger, man träumt vom Glück, in einem Ballonkorb ganz nah am Himmel zu wohnen. Da, endlich hat man Flügel, wie Hermes, die Engel und die Vögel.

Verankerung der Skelettkonstruktion in den Betonpfeilern.

Triangulation aus Stahl zur Stabilisierung der tragenden Struktur.

Blick vom Wohnzimmer zum Essbereich und zum Hauseingang am oberen Rand der Felswand.

Vom Eingang in Richtung Essbereich hinter den Mattglasscheiben. Gefliester Eingang zur Garage und seine Schiebepaneele auf der ersten Ebene.

Ein anderer Blick auf den Wohnbereich, Stadtseite.

Ein kleines Stück Land mitten in Paris

PARIS IST REICH AN SOLCHEN ÜBERRASCHUNGEN. Nicht ein Viertel, in dem nicht hinter den kompakten Fassaden ein geheimes Paradies verborgen liegt. In diesem Fall war es wie so oft ein Fabrikshof mit ehemaligen Werkstätten. 1997 war nur mehr eine kleine davon übrig, sechzig Quadratmeter im Erdgeschoss, in sehr schlechtem Zustand, aber unwiderstehlich in einem Garten gelegen, nur wenige Schritte entfernt von einer großen, lauten Hauptstraße und ihren Bürgersteigen mit langweiligen Türmen und öden Wohnblocks. Ja, ein kleines Paradies ..., das bald schon begann, zur Hölle zu werden.

Nach dem Kauf stellen sich diese renovierungsbedürftigen sechzig Quadratmeter als verteufelt heraus: Renovierung unmöglich, dann schon eher alles abreißen ... nun ist der Boden für einen Neubau aber zu instabil. Die Besitzer müssen den Grund mit 15 Meter tiefen Pfosten stabilisieren, ein

Haus in der Avenue de Choisy in Paris – Architektin / Landschaftsgestalterin: Pascale Buffard; Baujahr: 1998.

Freuden eines Gartens nicht weit entfernt von den Türmen der Place d'Italie, Paris.

Blick in die Raumtiefe auf der Seite von Küche und Essbereich.

Erdgeschoss mit dem zurückgezogenen Plafond für mehr Licht durch die großen Glasfenster.

kostspieliges Unterfangen, mit dem man nicht gerechnet hat. Dann heißt es einen Architekten finden, der mit den entstandenen Zwängen umgehen kann: einem angespannten Budget, einem Holzbau wegen seines geringen Gewichts und seiner Stabilität auf lockerem Erdreich und mit direkt angrenzenden Mauern und damit nur einer Fassade für die Öffnungen. Und der daneben imstande ist, Wünsche zu erfüllen. Ein Haus ohne Gang, in dem nur die Stockwerke die Lebensbereiche trennen, und ein Haus voller Licht.

Ausgehend von einem Holzskelett aus Brettschichtholz, einem leistungsstärkeren Werkstoff als Massivholz, bestückte die Architektin die Fassade mit

Blick auf die ineinander übergehenden Lebensbereiche.

Schlafzimmer mit Oberlichte für einen Blick auf die Sterne vom Kopfkissen aus.

großen Glasfenstern wie bei Künstlerateliers. Aber zusätzlich setzte sie geschickte Tricks ein. Zum Beispiel springt unten der Plafond zurück, was dank der bis in den ersten Stock reichenden Fenster zu mehr Licht im Erdgeschoss führt. Im ersten Stock, dem der Kinder, wird dieser Hohlraum zum Körper und bildet gemeinsam mit der Fassade eine Bank. All diese genau durchdachten Formen schaffen in der Tat ein wunderbares Paradoxon: Das Haus ist innen wirklich größer als außen. So gibt es ein im Vergleich zum Grundstück abgesenktes Erdgeschoss, eine an der Fassade herausragende Bibliothek …

Und dann verwandelt noch ein Glasdach die zentrale Treppe magisch in einen Lichtschacht, der die drei Stockwerke versorgt. Wenn die Nacht einfällt, ändert sich das Spiel der Lichter, dann wird das Haus transparent und leuchtend wie ein Lampion.

Ein unglaublich modernes Haus mitten im alten Stavanger

Gässchen in der Altstadt von Stavanger.

Neben all dem mattweiss gestrichenen Holz funkelt sein glänzender Lack. Ungewöhnlich sieht es aus, wie ein riesiger Turm eines Schachspiels, und es bewegt sich auch, ist mal transparent, mal kompakt mit seinen beweglichen Fensterläden, die ihre Lamellen in der Nacht schließen, um die Intimität der Bewohner zu bewahren. In den Augen seiner Architekten bringt es neue Standards in die skandinavische Architektur.

Wie so oft in alten Städten verbergen sich hinter der geschlossenen Fassadenfront kleine Innengärten mit ihren Nebengebäuden. Bei dieser Ausgangslage entschieden sich die Architekten, die Parzellenfläche und die dazugehörenden Wege anders einzuteilen. Vor dem kleinen Platz schufen sie einen Zugang. Dann verbanden sie ein Haus mit dem anderen: Das Erdgeschoss, in das wieder Läden einzogen, und der erste Stock durchdringen sich gegenseitig, wodurch im Innern verschiedene Wege für das Kommen und Gehen der Bewohner entstehen. Außerdem vergrößerten sie die privaten Gärten durch das Anlegen von Terrassen auf verschiedenen Ebenen. Zudem arbeiteten sie eher mit polygonen Formen anstatt nur mit dem Quader und schufen dadurch mehr Fassaden und auch mehr Fensterflächen. Denn die ganze Ästhetik des Baus folgt dem Wunsch, die Lebensqualität zu verbessern. Die beiden ungewöhnlichen Dachdiagonalen, die das Eckhaus zu einem Turm machen, wurden so berechnet, dass mehr Sonnenlicht in die kleinen Innengärten fällt. Auch der stark glänzende Lack dient als Sonnenreflektor. Mit dem Raster der mobilen Fensterläden vor den riesigen Fensterflächen lässt sich der Einfall des Tageslichts in den Zimmern regulieren.

Was an diesem Haus noch erstaunt, ist, dass sein Äußeres keinerlei Aufschluss über sein Innenleben gibt. Man denkt, dass im ersten Stock schon ein Apartment liegt; doch das häusliche Leben spielt sich erst in den zwei

Stavanger, Norwegen – zwei miteinander verbundene Häuser; Architekten: Helen & Hard As; Baujahr: 1999.

CHRISTIANSSANDS
CB
BRYGGERI
Kafé Ankeret

Polygonaler Wohnraum mit zahlreichen Fensterflächen und abgehängter Treppe.

Moderne Version einer Dachluke.

Außengalerie mit Küche, die vom Eingang zum Esszimmer führt.

Abgehängte Treppe vom Wohnraum zum Schlafzimmer.

obersten Etagen ab. Man vermutet, dass Formen mit festen Proportionen vorherrschen und entdeckt einen fließenden Raum. Von den schmucklos geraden Möbeln im skandinavischen Stil bis zu den polygonalen Zimmern mit Fenstern in die verschiedenen Richtungen – zum Garten im Innenhof, aber auch zum nahen Meer und den nahe gelegenen Bergen –, alles soll den Eindruck eines nicht fixierten Raumes vermitteln. Den Eindruck, auf einem Schiffsdeck zu leben mit dem Schlafzimmer ganz oben, schwebend wie der Mastkorb auf einem Klipper …

Über den Dächern treibendes Schlafzimmer.

Ökologie, Technologie und Schönheit

Mythen und Tatsachen

Die Holzsorten, die im Hausbau eingesetzt werden – Oregon Pine, Fichte, Lärche, Eiche, Kastanie … – kommen aus den Wäldern der nördlichen oder gemäßigten Klimazonen. Und sie entwickeln sich gut. In Europa werden sie immer mehr. In Frankreich zum Beispiel ist ihre Fläche in zwei Jahrhunderten auf das Doppelte angewachsen. Dafür gibt es mehrere Gründe.

Mit der Entwicklung hin zur intensiven Landwirtschaft haben die Bauern aufgehört, dem Wald Flächen abzugewinnen, und dank industriell hergestellter Energiequellen kochen und heizen wir nicht mehr mit Holz. Es ist schwierig, das Ausmaß dieser Phänomene abzuschätzen. Aber wenn man bedenkt, dass zum Beispiel Rom im ersten Jahrhundert unserer Zeitrechnung schon eine Million Einwohner zählte, versteht man leichter, warum siebzig Prozent der bewaldeten Fläche Westeuropas im Mittelalter verschwunden war, denn Holz war das wichtigste Brennmaterial. Forscher des INRA (Nationales Institut für agrarwissenschaftliche Forschung in Frankreich) stellten sogar fest, dass einige Wälder, die als uralt galten, in Wirklichkeit auf Flächen standen, die in der Antike gerodet worden waren. Weniger schön sind diese nachwachsenden Wälder, denken wir sofort voll düsterer Zukunftsvisionen. Aber nein! Sie sind kräftiger als die Urwälder.

Ein anderes Phänomen, das uns heute so üppige Wälder beschert – es wächst mehr Holz nach, als wir konsumieren – ist eine seit langem geltende, strenge Gesetzgebung im Bereich des Holzfällens, das sich an den Lebenszyklen der Bäume orientiert. Die Förster mit ihrem jahrhundertealten Know-how, das bis zu den aktuellen Kenntnissen über die Ökosysteme reicht, fällen nur ausgewählte Bäume. Um Platz zu schaffen, das Wachstum der jüngeren zu fördern, die anderen Bäume zu kräftigen.

Fassade und Schiebefensterläden aus Holz an einem renovierten Gemeindebau in Vorarlberg.

Stürme übernehmen die gleiche Aufgabe. Was das angeblich „wilde Fällen“ von Vertretern der holzverarbeitenden Industrie betrifft, handelt es sich um einen Mythos, einfach weil die Wälder nicht ihnen gehören.

Die schlechte wirtschaftliche Lage in einigen tropischen Regenwaldgebieten und ihre Folgen – Rodungen um des puren Überlebens willen, Veruntreuung in lokalen Regierungskreisen etc., Zustände, die weltweit Menschen in ungekanntem Ausmaß mobil machen – dürfen nicht im Mythos einer weltweiten Zerstörung untergehen. Seit 350 Millionen Jahren wächst und verschwindet Wald auf der Erde. Vor 110 000 Jahren lag zum Beispiel eine Eiskappe über dem ganzen heutigen Wald Kanadas, den Vereinigten Staaten bis New York und einem Gutteil Nordeuropas …

Noch etwas: Förster und Forstingenieure meinen, dass die Holzarchitektur einen Beitrag zum Kampf gegen den Treibhauseffekt leistet, und zwar aus mehreren Gründen. Nicht nur, dass die Bäume uns schützen, weil sie für ihr Wachstum das die Ozonschicht schädigende Kohlendioxid absorbieren. Es geht noch weiter. Stirbt ein Baum und verrottet er vor Ort, gibt er das im Laufe seines Lebens aufgenommene Kohlendioxid wieder an die Atmosphäre ab. Im Gegensatz dazu – von der Holzkiste bis zum Kontrabass, vom Schöpflöffel über die Spanplatte bis zum Schiffssperrholz – gibt verarbeitetes Holz CO_2 nie mehr ab. Die zwanzig Kubikmeter Holz, die bei einem Holzbau zum Einsatz kommen, schließen also für immer und ewig die zwanzig Tonnen Kohlendioxid ein, die von diesen Bäumen absorbiert worden sind. Vorausgesetzt natürlich, das Haus brennt nicht ab! Die Folgen dieses biologischen Phänomens haben eine oft unterschätzte Tragweite. Die Urwälder, das heißt die nie von Menschenhand gerodeten Wälder, in denen die Bäume verrotten, geben viel Kohlendioxid an die Atmosphäre ab. Einen Wald zu erhalten, indem Holz geerntet wird, bevor der Baum stirbt, hat also nichts Zerstörerisches an sich. Mehr noch, nach dem Umweltgipfel von Rio 1992 haben die europäischen Förster mit Unterstützung ihrer Regierungen ein Programm für die nachhaltige Bewirtschaftung der Wälder in der Welt erstellt – und selbst wenn wenig darüber gesprochen wird, das Programm wird heute weitgehend umgesetzt.

Das Phantom vom gefällten Baum, durch den wir unsere Nachkommen auf einem ausgebluteten Planeten beraubt zurücklassen, ist eine außerordentliche Verwirrung des Geistes. Da spielt es kaum eine Rolle, dass sich Holz als einziges Material natürlich und schnell selbst erneuert, beim Thema seiner verheerenden Ausbeutung reagiert das Herz panisch, während es – ohne Beschwerden – die Produktion von Zement, Glas und Stahl akzeptiert. Und alles, was dazu gehört: große Industrieanlagen, die unglaublich viel Energie verbrauchen, große Luft- und Umweltverschmutzer … Aber wahrscheinlich werden wir noch beherrscht von einem wunderbaren, aber allmächtigen Mythos, so dass wir die einfache Realität vor unseren Augen nicht akzeptieren können. Von einem viel poetischeren Mythos als das Kioto-Protokoll, das die Verwendung und Weiterentwicklung von Holz empfiehlt. In seiner berührendsten Form ist dieser Mythos uns aus dem antiken Griechenland überliefert, aus der Zeit, in der in jedem Baum eine Nymphe wohnte. Und sie, die genauso lange lebte wie der Mythos, starb, wenn man ihren Baum fällte. Oh Holzfäller, Ihr Mörder der himmlischen Nymphen …!

Die Holztechnologien, für eine neue Poesie des Leben

Heute drehen sich die Forschungen der Holzbaukünstler um das Energiesparen. Sowohl in der Bauphase als auch später für die Hausgemeinschaft. Zwei Trends zeichnen sich ab. Einige Anhänger der Verarbeitung lokaler Hölzer greifen auf das Know-how der Handwerker zurück, um alle Teile eines Stamms zu verwenden und eine neue Technik im Massivholzbau zu entwickeln. Andere setzen auf die Vorzüge eines Werkstoffs, der mit Beton und Stahl konkurrieren kann, und wenden sich den Industriehölzern zu.

Der erste Typ der Industrieprodukte ist die Spanplatte. Die aus großen, gepressten oder geklebten Holzpartikeln bestehenden Platten werden in der Fabrik produziert und dann mithilfe von Computerprogrammen im passenden Format zugeschnitten. Diese Platten, zwischen die sandwichartig eine Schicht Mineralwolle eingeschlossen wird, werden dann auf die Baustelle geliefert und an die Pfosten, die das Skelett des Hauses bilden,

Gartenstadt Petit Bétheny, Reims – Architekten: BCDE, Paris; Bauherr: Le Foyer rémois; Baujahr: 2002.

montiert. Auf einer Platte oder einem Unterboden aus Zement – Holz darf niemals direkt mit dem Boden in Berührung kommen, damit es nicht zu faulen beginnt – wird das Haus in wenigen Tagen aufgestellt. Außen schützt es eine Lattenverschalung.

Dieses Konstruktionssystem, Tafelbauweise genannt, ist weltweit die verbreitetste, die schnellste und kostengünstigste Art zu bauen. Hinzu kommt noch der Vorteil des geringen Gewichts – von wesentlicher Bedeutung in erdbebengefährdeten Gebieten und auf lockerem Boden. Und die Tafelbauweise hat auch, wie man im Laufe dieses Buches sehen konnte, eine auffallend schöne Architektur entstehen lassen. Allerdings gibt es immer eine Grenze, hinter der die Entscheidung für Wirtschaftlichkeit die Palette der ästhetischen Möglichkeiten radikal einschränkt. Das gilt ein bisschen für die im Jahr 2002 auf einem ehemaligen Industriegelände gebaute Gartenstadt Petit Bétheny in Reims.

Die beim Bau erzielten Einsparungen im Bereich Energie und Arbeitskräfte erlaubten den Einsatz von höherwertigeren Materialien. Die natürlichen Wärmedämmeigenschaften von Holz, verstärkt noch durch die Art der Zusammensetzung des Gerüsts, und eine auf höchstmögliche Reduktion der Wärmeverluste ausgerichtete Form der Baukörper, garantieren eine beachtliche Verringerung der Heizkosten im Betrieb um rund vierzig Prozent. Der Rest an der Wohnsiedlung ist, ehrlich gesagt, nichts Besonderes. Architekten, die mit Beton arbeiten, gestalten Reihenhäuser in ähnlicher Art und Weise, und auch sie wissen mit dem Thema Garten umzugehen. Übrigens geht das Modell der Gartensiedlung auf die 1970er Jahre und den Bau von „neuen Städten" wie Val-de-Reuil im Departement Eure zurück.

In der Tat sind vor allem zwei weitere Produkte der Holzindustrie für die Verwirklichung kühner Ideen im Bereich öffentlicher und industrieller Architektur von Bedeutung; zwei bemerkenswerte Werkstoffe, flexibler und plastischer als Beton und genauso tragfähig wie Stahl.

Das erste ist Sperrholz (sehr oft wird es mit der Spanplatte verwechselt). Es ist eine aus mehreren ein paar Millimeter dicken Holzschichten

The Drop House, Algeco-System, Entwurf: 2004; Architektonisches Konzept: Antoine Cordier, Olivier Charles und Armel Neouze.

zusammengeleimte Platte. Die Furnierschichten werden dafür mit einer Klinge von einem rotierenden Holzklotz abgeschnitten. Wesentlich ist dabei, Schichten mit jeweils anderer Fasernausrichtung miteinander zu verleimen. Daraus entstehen Platten und massive Paneele mit besseren mechanischen Eigenschaften als natürliches Massivholz. Sie sind für den Bau sehr großer Räume, aber auch vollkommen neuer, runder Formen geeignet.
Beim zweiten Werkstoff, dem Brettschichtholz, wird das Verschränken und Zusammenleimen von dünneren Platten kombiniert, womit zum Beispiel Balken mit sehr langer Spannweite hergestellt werden können. Dank dieser Technologien verfügt die Holzbauweise heutzutage über erstaunliche technische Freiheiten.

Spannende Innovation und Schönheit …

Spannend sind die Möglichkeiten, die Holz gerade für industriell gefertigte Häuser bietet.

Algeco, eine Firma für modulare Systeme zur Unterbringung der Arbeiter auf einer Baustelle wie auch von Schülern während der Renovierung des Schulgebäudes etc., schrieb 2004 einen Wettbewerb zum Thema „Modulares Wohnen in Holzbauweise" aus. Das Projekt musste die Vorgaben erfüllen, die den Erfolg des Unternehmens ausmachten: dreidimensionale, in der Fabrik vorproduzierte und ausgestattete Module in straßentransportfähigen Maßen; Montage innerhalb weniger Stunden auf jeglichem Gelände, auch auf dem Dach eines Wohnblocks; sofort bezugsfertig. Das Resultat, The Drop House, ist faszinierend und magisch wie eine Box mit Schubladen. Die Holzmodule, die sich in die drei Dimensionen auseinanderfalten lassen, gibt es für alle Lebensbereiche: Wohnzimmer/Bibliothek, Küche, Esszimmer, Schlafzimmer, Badezimmer, Terrasse. Bei längerer Abwesenheit der Bewohner lassen sie sich wieder zu einem kompakten Block zusammenfalten. Bewegliche Fensterläden regeln den Lichteinfall und verschließen das Haus in der Nacht. Die Materialien, Oregon Pine für die Außenwände und schwimmend verlegtes Eichenparkett gehören zur höherwertigen Kategorie.

Dieser beispielhafte Fall kommt nicht von ungefähr. Die Firma Algeco „nimmt einen Trend vorweg" oder anders gesagt, sie gewinnt einen Vorsprung auf einem neuen, maßgeblichen Markt, der die Umweltschutzempfehlungen von Kioto und unser Bedürfnis nach menschengerechteren Bauten verbindet. Heute schon können wir uns neue Industrie- oder Einkaufsgebiete vorstellen. Andere als diese Ansammlung großer, unfreundlicher Hallen, die an die Peripherien unserer Städte verwiesen werden. Wie die Armen und die Mülltonnen.

Ehre gebührt den Architekten und Baumeistern, die das Holz wieder entdeckt haben. Seine mechanischen und bauphysikalischen Qualitäten machen es zu einem der kreativsten Werkstoffe, zu einem Material, das nichts zerstört und die anderen aufwertet. Zu einem Material, das uns wieder behaglich wohnen lässt …

Weitere Bücher im Christian Brandstätter Verlag

Tausende – von jungen Aufsteigern bis zu Althippies – haben große Häuser, Vermögen und Grundstücke in wohlhabender Nachbarschaft über Bord geworfen, um im relativ engen Umfeld einer Hausboot-Marina zu leben. Deshalb ist dieses Buch nicht einfach ein Lifestyle-Buch: Es trifft den Kern der Sache, es ist unabhängig, expressiv, und es macht Spaß.
Dieses Buch ist das Dokument einer Lebensart mit Willen zur Individualität, Affinität zum Abenteuer und wenig Begabung für die Normalität.

Barbara Flanagan
Das Hausboot Buch
Mit Fotografien von Andrew Garn

192 Seiten mit 200 Farb- und Schwarzweiß-Abbildungen,
Format 22,8 x 22,8
Fadenheftung. Leinen, einfarbig geprägt mit 4-farbig bedrucktem Schutzumschlag
ISBN 3-85498-311-5

Wer hat als Kind nicht von einem Baumhaus geträumt? Von einem Rückzugsort in der Luft, von einem Platz zum Träumen und Spielen, zum Allein- oder Zu-zweit-Sein, gehalten und gewiegt von starken Ästen?
Peter Nelson, Autor einiger maßgeblicher Bücher über dieses Thema, hat sich mit dem Fotografen Radek Kurzaj auf eine Reise um die Welt gemacht, um die schönsten und unterschiedlichsten Baumhäuser zu dokumentieren, Baumhäuser aus den USA und Japan, aus Deutschland und Frankreich, aus Italien und Polen, aus Australien und Neuseeland. Sie sind einfach oder luxuriös, ausgefallen oder klassisch-schlicht, immer aber sind sie wunderbare, inspirierende Beispiele dafür, wie gut ein Rest an Kindlichkeit auch Erwachsenen tut.

Peter Nelson
Baumhäuser der Welt
Mit Fotografien von Radek Kurzaj

224 Seiten mit 250 Farb-Abbildungen,
Format 19 x 28,6
Fadenheftung. Leinen, einfarbig geprägt mit 4-farbig bedrucktem Schutzumschlag
ISBN 3-85498-86-6

[1] Zitate aus Bruce Brooks Pfeiffer, *Frank Lloyd Wright – Die Meisterwerke,* übersetzt von Antje Pehnt, Stuttgart 1993.

[2] Aus „Friedhof am Meer" von Paul Valéry, übertragen von E. R. Curtius, zitiert aus: *Französische Dichtung,* Band 3, Hg. Friedhelm Kemp und Hans T. Siepe, München 1990.

[3] Songtitel von Serge Gainsbourg.

[4] Originaltitel: *La Fabrique du Pré.*

[5] „Der Reisende" aus *Alkohol,* Gedichte französisch-deutsch, von Guillaume Apollinaire, aus dem Französischen übertragen von Johannes Hübner und Lothar Klünner, Darmstadt 1976.

[6] „Zone" aus *Alkohol,* Gedichte französisch-deutsch, von Guillaume Apollinaire, aus dem Französischen übertragen von Johannes Hübner und Lothar Klünner, Darmstadt 1976.

FOTONACHWEIS
Arnaud Bertereau: S. 22.
Christophe Boisvieux: S. 11–14, 16, 18–21, 23, 24, 26, 170.
Éric Boucher und J.-C. Pratt: S. 54–59.
Philippe Bovet: S. 198.
Jacky Chrétien: S. 201.
Marc Dantan: S. 150¬–155.
Jérôme Darblay: S. 46–53, 128, 137–141.
Christophe Hamm: S. 15.
Bruno Klomfar: S. 110–115.
Nelson Kon: S. 132–135, 181–185.
Pekka Littow: S. 174–179.
Jon David Peterson: S. 143:149.
Alain Soldeville: S. 17.
Maisons et Bois International: F. Chantossel, S. 34, 82, 124–127, 156–163; P. Eoche: Cover, S. 60–67, 68–71;
Sven Everaert (sveneveraert.com): S. 94–101; J.-M. Blache-Mission: S. 116–123.
Côté Ouest: J.-M. Palisse und S. Chauvain, S. 38–45.
Côté Est: P. van Robayes und S. Lajouanie, S. 86–93; P. van Robaeys und M. Broussaud, S. 108–110.
Côté Sud: N. Matheus Dougier, S. 165–169.
Architecture Bois & Dépendance: S. Dubrocas, S. 73–81.
Tendance Floue: P. Tournebœuf, S. 186–191.
Helen & Hard: E. Ashley, S. 192–197.
CNDB–Collective du Bois et de la Forêt: M. Christian, S.204;
J. Becquey, S.207; J. L'Huillier, S. 210; J.-P. Chasseau, S. 213, 217; A. Blumet, S. 218; R. Caurrau, S. 214.
d.r.: S. 202.

DANK

Während der Arbeit an diesem Buch haben viele auf unterschiedlichste Art geholfen, beraten und unterstützt. An dieser Stelle sei ihnen namentlich gedankt: Bruno Boulay, Marie-Hélène Contal, Dominique Delaunay, Christophe Faure, Lucia Villar Guanaes, Marina Hämmerle, Aurélia Jakmakejian, Gian M. Maurizio, Guillaume Parent, Catherine Péguillan, Michel Richard, Jean-Marc Roques, Clémentine Semeria, Maxime Simonin, Marip Valla.

Ein besonderer Dank gebührt Frédéric Basset, Jean-Marc Blache und Jérôme Darblay für ihre Geduld und Hilfsbereitschaft.